Korkma! İyi Bir Annesin

Doç. Dr. Saniye Bencik Kangal

Bilgi-İyilik-Gelişim Serisi 69

Bilgi-İyilik-Gelişim Serisi 69

Korkma! İyi Bir Annesin©

Genel Koordinatör: Akif Aktuğ
Editör: İpek Arman
Redaktör: Deniz Bora
Kapak Tasarım ve Mizanpaj: Songül Düzgün
Yayın Ekibi: Ahmet Seyfi Atmaca, Bahar Güzel, Ceyda Çalatlı, Çiğdem Karaca, Demet Uyar, Gamze Aras Azapoğlu, Gülderen Çopur, Hüseyin Yılmaz, Sait İşseven, Sevim Yaylagül, Vildan Barış Örkmez

1. Basım Ekim 2017
18. Basım Şubat 2018 (2500 adet)

ISBN 978-605-9367-19-6

Elma Yayınevi
Aziziye Mah. Portakal Çiçeği Sok.
No: 37/7 Çankaya/Ankara
Tel: 0312 417 72 73
Yayıncı Sertifika No: 12437

Basımevi: Fersa Matbaacılık Paz. San. Tic. Ltd. Şti.
36. Sok. No: 5/B-C-D Ostim Yenimahalle/Ankara
Matbaa Sertifika No: 16216

Hayat Amacımız
Daha eğitimli ve daha çok okuyan bir ülke için çalışıyoruz.

Gelecek Hayalimiz
Alanımızda Türkiye'nin en saygı duyulan kurumu olacağız.

Değerlerimiz
Dürüstlük
İş Kalitesi
Girişimcilik
Hoşgörü
Yurt Sevgisi

Her türlü kitap talebinizi temsilciliklerimizden, **www.elmayayinevi.com** adresimizden, telefon veya faks aracılığıyla yayınevimizden yapabilir; kitaplarımızla ilgili görüşlerinizi **bilgi@elmayayinevi.com** adresi aracılığıyla paylaşabilirsiniz.

temsilciliklerimiz

Akdeniz Bölgesi / CDR Eğitim ve Danışmanlık • Atınç Büyükduykular • Tel: (242) 247 72 72 • atincbuyukduykular@izgorenakademi.c
Bursa / MGK Eğitim Hizmetleri • Özlem Erbaşlar • Tel: (224) 243 87 15 • ozlemerbaslar@izgorenakademi.com
Kayseri / OAG Eğitim Danışmanlık • Sibel Ötegen Özdemir • Tel: (352) 234 17 18 • sibelotegen@izgorenakademi.com
Kocaeli / Özel Batı Karadeniz Eğitim Danışmanlık • Yasemin Kaya • Tel: (262) 319 02 00 • yaseminkaya@izgorenakademi.com
Samsun / Karadeniz Eğitim Danışmanlık • Şehnaz Dereli • Tel: (533) 479 05 00 • sehnazdereli@izgorenakademi.com

Bana mutlu bir çocukluk hediye eden
annem ve babama...

Teşekkür

Sevgili oğlum Demir, ilk teşekkürüm sana. Senin annen olmak hayatımı, düşünce yapımı, hatta mesleğime bakış açımı o kadar olumlu etkiledi ki... Yıllarca okumuş olabilirim ama hiçbir kitap senin bana öğrettiklerini yazmıyordu. Hiçbir kitapta bir annenin yavrusuna bakarken bu denli kalbinin çarpacağını, içinin titreyeceğini okumamıştım. Bu kitabı ben yazdım ama yazdıklarımın çoğunu sen hissettirdin, sen yaşattın. İyi ki benim oğlumsun, iyi ki annen olmuşum... Birlikte daha nice kitaplar yazalım oğlum...

Hayat arkadaşım Aykut. Ne zor bir karardı ebeveyn olma sürecimiz. Rahatına düşkün bir çift olarak bizi ne kadar zorladı ilk günler. Ama şimdi dönüp baktığımızda sanki Demir olmadan günümüz geçmemiş gibi değil mi? Bu kitabı yazmam için bana verdiğin desteğin tarifi yok. Sadece bu kitap değil ki hayatımın en zorlu anlarında, en mutlu anlarında, en heyecanlı anlarında hep sen vardın. Hep ol tamam mı? Seni çok seviyorum...

Canım annem Şahander Bencik ve canım babam Rasim Bencik. Beni büyüttünüz sanıyorsunuz ama ben sizin yanınızda kendimi hâlâ saçları iki yandan örgülü küçük kız çocuğu gibi hissediyorum. Şimdi de oğlumun büyüme ve gelişme serüveninde en büyük destekçimiz oldunuz. İnsan ailesini seçemiyor ama seçme şansım olsaydı her seferinde sizi seçerdim. Benim şu hayattaki en büyük şansım sizsiniz.

Bana şükretmeyi, sahip olduklarımla mutlu olabilmeyi, sabretmeyi siz öğrettiniz. Ben çalışayım diye her türlü fedakârlığı yaptınız. Minnettarım...

"Gelin, kaynana toprağındandır" derler ya işte biz bunun canlı örneğiyiz bence. Sevgili kayınvalidem Nihal Kangal ve kayınpederim Ali Kangal. On sekiz yaşında evlenip kendine güvenen, dürüst, mutlu üç çocuk yetiştirmişler. Ne mutlu ki biri benim payıma düştü. Sizleri her zaman iyi niyetiniz, olumlu bakış açınız ve merhametli kalbinizle yanımda hissediyorum. Kitap yazma serüvenime verdiğiniz destek için çok teşekkür ederim. İyi ki sizin gelininiz olmuşum. "Gelin" diyorum ama ben kendimi "evlat" gibi hissediyorum. Çünkü öyle hissettiriliyorum...

Canım abim Ahmet Bencik, sevgili eşi canım Olga Ablam, güzel görümcelerim Ayşegül Yorgancı ve Gülin Kangal... Abim evlenince bir ablam olmuştu, ben evlenince ise iki kız kardeşim daha oldu. Canım kardeşlerim, bu kitabın her aşamasında bana verdiğiniz destek ve güven için çok teşekkür ederim. Mesajlara, telefonlara geç dönsem, buluşmalara gelemesem de beni hep anlayışla karşıladınız. "Sen hâlâ çalışıyor musun" diye sorularınız devam edecek biliyorum. Evet, sanırım ben hep çalışacağım ve sizi hep yanımda isteyeceğim. Korkmayın! Aslında iyi bir kardeşim.

Güzeller güzeli yeğenim Naz. Halasının biriciği... "Halacığım sen nasıl bu kadar uzun yazabiliyorsun", "halacığım kitabın adı ne oldu", "halacığım kitap bitmedi mi daha" diye her seferinde destek veren güzel kalpli, güzel yüzlü yeğenim. Biliyorum ki sen daha güzellerini yazacaksın...

Her sınavdan önce akla, hemen onun adı gelir Özge Özge Özge! Sevgili Özgem (Özge Selçuk Bozkurt) iyi ki Hacettepe'de kesişti yollarımız. Arada kilometreler olsa da varlığın hep yanı başımda. "Senin işlerin hep zor olur ama en iyi şekilde sonuçlanır be Sanişim", "biter be Sanişim, hem de senin gibi mükemmeliyetçi birinin kitabı harika olur" diyen sesin bu satırları yazarken kulağımda... Canım dostum, can dostum iyi ki varsın...

Akademisyenlik zor bir meslek. Ama iş yerinizde güvenebileceğiniz dostlarınız varsa her zorluk daha kolay aşılıyor. Ben kitabı bitireyim diye "bugün de kahve içmeyelim" diyen, bana öğle araları yeter ki çalışayım diye dışarıdan yemekler getiren canım dostlarım Yrd. Doç. Dr. Çiğdem Aytekin ve Uzm. Sibel Özkızıklı iyi ki varsınız.

Hacettepe Üniversitesi Çocuk Gelişimi Bölümünün değerli öğretim üyeleri, hepinizin üzerimde emeği var. Bir nakış gibi yıllar boyu işlediniz beni. Ne kadar teşekkür etsem az. Ama özellikle üç hocam var ki ben onların birleşimi gibi hissediyorum kendimi. Canım hocalarım Prof. Dr. İsmihan Artan, Prof. Dr. Pınar Bayhan ve Prof. Dr. Nilgün Metin. Yirmi yıldır sizleri izliyorum ben. Öğrenciyken o kolçaklı sandalyelerde oturup hayran hayran dinlerdim sizleri. Şimdi sizlerle birlikte her gün aynı koridorda, yan yana odalarda olmak, aynı toplantı masasını paylaşmak benim için büyük gurur. Üzerimde emeğiniz, desteğiniz çok. Sonsuz teşekkürlerimle...

Sevgili Sibel Özdemir. 2009 yılında bizim bölümü kazandığında danışmanın olmuştum. Kim derdi ki danışmanını bir "instagramer" yapacaksın. Sevgili Sibel olmasa, ilk "repost"u yaparak o kıvılcımı çakmasa belki "Akademisyen Anne" olmazdı hiç. Sana çok şey borçluyum canım arkadaşım. Bu kitabı ilk okuyan baba Çağlar; desteğin, katkıların, güzel sözlerin için sonsuz teşekkürler. Prensesimiz Peri, tatlı eşin ve sevgili dostum Güzen'e kocaman öpücükler.

Sevgili instagram dostlarım. Günden güne büyüyen sayfamızda birlikte gülüyor, eğleniyor, dertleniyor, bazen de tartışıyoruz. Ama her şeyden önce paylaşmanın tadına varıyoruz. Benim için öyle değerlisiniz ki... İşte bu nedenle bu kitap sizlerin sorularından feyz alınarak, sizlere hediye olarak yazıldı. Umarım seversiniz...

Veee bu kitabın sizlere ulaşmasında ön ayak olan, bana güvenen, destekleyen sevgili Elma Yayınevi. İyi ki yollarımız kesişti. Samimiyetinizden, doğallığınızdan aldığım güçle bu kitabı tamamladım. Her türlü desteğiniz için çok teşekkür ediyorum...

Bu satırları okuyan sen... Kitabıma değer verip aldığın için çok teşekkür ederim. Umarım seversin. Bu kitap benim için inan çok özel. Her kelimesi, her satırı uykusuz gecelerin, zorlu günlerin ürünü. Yıllarca bu kitabı yazmak istedim ben. İşte şimdi sen de bir hayali ellerinde tutuyorsun. Senin hayallerinin de bir gün gerçekleşmesi dileğiyle keyifli okumalar diliyorum, sevgiler...

Saniye (Akademisyen Anne)
19.08.2017, 02.30
Demir'in başucunda...

Akademisyen Anne

Akademisyen Anne 2013 yılında oğlu Demir Kangal ile birlikte doğdu. Küçücük bebeği kucağındayken çocuk gelişimci olmasına rağmen çok bocaladı. Her şeyi okuyarak, araştırarak yapmaya alışmış olan Akademisyen Anne, çocuk büyütmenin tam olarak kitaplardaki gibi yürümediğini fark etti. Annelikle ilgili karşılaştığı her soruda makaleleri okudu, kitapları okudu, internet sayfalarını, blogları okudu. Blogların hissettirdiği duygu yoğunluğunu sevdi ve kendisine bir blog açtı.

2014 yılında ise akademisyen anne isimli instagram hesabında (@akademisyenanne) bilgilerini deneyimleriyle harmanlayarak, anneler ve anne adaylarıyla paylaşımda bulunmaya başladı. Gelişimsel öneriler, oyunlar paylaştı. Paylaştıkça çoğaldı. Paylaşımları birçok farklı sayfada yankı buldu ve anne çocuk kategorisinde popüler sosyal medya kullanıcıları arasına girdi.

2017 yılında eşinin ve bir bilişim ajansının desteğiyle Akademisyen Anne mobil uygulamasını IOS ve Android kullanıcılarının kullanımına uygun olarak oluşturdu. Bu mobil uygulama ülkemizde, annelerin çocukları için oyun önerileri alabildiği ve kendi oyunlarını paylaşabildiği ilk mobil uygulama olma özelliğini taşıdı.

Akademisyen Anne aynı ismi taşıyan instagram hesabı, mobil uygulaması, web sayfasında paylaşımlarına büyük bir aşkla devam etmektedir. Akademisyen Anne'nin gözünde onu takip eden her birey çok özel ve değerlidir...

Doç. Dr. Saniye Bencik Kangal

Doç. Dr. Saniye Bencik Kangal (Akademisyen Anne) 1980 yılında Ankara'da dünyaya geldi. Mutlu bir çocukluğun ve uzun bir eğitim maratonunun ardından, 2003 yılında Hacettepe Üniversitesi Çocuk Gelişimi ve Eğitimi Bölümünden mezun oldu. Aynı yıl özel bir zihinsel engelliler rehabilitasyon merkezinde çocuk gelişimci, 2004 yılında ise özel bir anaokulunda eğitim koordinatörü olarak görev yaptı. Aynı yıl mezun olduğu okuluna dönerek, araştırma görevlisi olarak göreve başladı. Sağlık Bilimleri Enstitüsü Çocuk Gelişimi ve Eğitimi Programından 2006 yılında yüksek lisans, aynı programdan 2010 yılında doktora derecelerini aldı. 2011 yılında öğretim görevlisi, 2014 yılında yardımcı doçent, 2017 yılında doçent unvanlarını aldı.

Saniye Bencik Kangal, çocuk ve oyun, çocuk edebiyatı, üstün yetenekli çocuklar, okul öncesi eğitim alanlarında teorik ve pratik çalışmalar yürüterek, ilgili alanlarda ailelere ve eğitimcilere yönelik seminerler, hizmet içi eğitimler vermekte ve atölye çalışmaları düzenlemektedir.

Halen Hacettepe Üniversitesi Sağlık Bilimleri Fakültesi Çocuk Gelişimi Bölümünde öğretim üyesi olarak görev yapmaktadır. Aynı zamanda Çocuk Gelişimi Bölümü bünyesinde normal gelişim gösteren ve üstün yetenekli çocuklar ve aileleri için gelişim takibi, danışmanlık ve eğitim hizmeti sunmaktadır.

Mesleğini büyük bir aşkla ve tutkuyla yapan yazar, dünyanın en güzel mesleğine sahip olduğunu düşünmektedir. Çünkü bir çocuğa dokunabilmek, bir aileye ulaşabilmek dünyalara bedeldir...

İçindekiler

Önsöz

Sevgili anne! Sırtına elimi koyup eğilip gözlerinin içine bakmak istiyorum. Gözlerinin içine baka baka "yalnız değilsin, bak hepimiz aynı yollardan geçiyoruz, hepimiz benzer şeyleri hissediyoruz" demek istiyorum.

İşte bu kitap sırtındaki elim, gözlerinin içine bakan gözlerim. Ve elim elinde, gözlerim gözlerinde, yürekten ta derinlerden bir yerden diyorum ki;

KORKMA! İYİ BİR ANNESİN

Başlarken

Kim şu en iyi anne dediğimiz kişi?

Bebeğini hiç ağlatmayan mı?

Yoksa bebeği bir göğsünü emerken diğer göğsünden foşur foşur süt taşan kişi mi?

Ya da sabahtan akşama kadar oyun oynayan, en orijinal oyunları bulan mı?

En iyi anne, en güzel yemekleri yapan, bir yumurtadan türlü türlü figürler yapıp süslü tabaklar hazırlayan kişi olmalı belki de.

Çocuğu yemek seçmeyen anne mi en mükemmel, sabaha kadar deliksiz uyuyan mı?

Buldum! Çocuğunu tam on sekiz aylıkken tuvalete alıştıran anne olmalı en mükemmeli!

Belki de hiç TV izlettirmeyendir en iyisi.

Sence kim bu en iyi anne? Kim biliyor musun? Okuyup görelim bakalım kimmiş...

Birçok mail aldım, görüşmeler yaptım. Hepsinde "ben kötü bir anne miyim" kaygısı vardı. Çünkü hiçbir şey hayallerimizdeki gibi olmuyordu. Sahi, ne hayal etmiştik biz?

Mis kokulu bebeğimiz beşiğinde mışıl mışıl uyuyacaktı. Biz onun melek gibi uyuyuşunu izlerken huzuru bulacaktık. Uyanınca sorunsuz emecek, ek besinlere geçtiyse güzel güzel yemeğini yiyecekti. Yüzü gözü yoğurt olmasına rağmen etrafın kirlenmesi bizim hiç umurumuzda olmayacaktı. Onun bu şirin görüntüsünün fotoğrafını çekip sosyal medya hesaplarımızda "güzelliğimi yoğurda borçluyum" yazarak paylaşacaktık.

Sonra onun sakin sakin oturup özene bezene aldığımız oyuncaklarla nasıl oynadığını izleyecektik. Yavrumuz oyun oynarken biz kitabımızı okuyacaktık. Arada bir kafamızı kaldırıp ona bakacak "ayy ne güzel oynuyor ne tatlı" diye düşünüp yüzümüzde tatlı bir tebessüm kitabımıza geri dönecektik.

Yavrumuz için yağsız, tuzsuz, şekersiz ama leziz mi leziz yemekler yapmanın peşine düşecek, bu yemekleri ise bir gün kuş, bir gün tavşan, bir gün çiçek şeklinde tabaklar hazırlayarak sunacaktık. O da iştahla yiyecekti tabii. Hıı bir de bu süslü tabakların resmini çekip sosyal medya hesaplarımızda paylaşacak, eşimizden dostumuzdan alkışları toplayacaktık.

Tuvalet alışkanlığı kazanma sürecinde biz de kakalara el sallayacak, diğer kakalara selam gönderecektik.

Onun için aldığımız güzel kıyafetleri, gönlümüzce giydirecek; parkta, bahçede, evde hatta leğenin, sepetin, berenin içinde fotoğraflarını çekecektik. Ee tatlı yavrumuza da leğenin içinden gülümsemek düşecekti.

Hayaller böyleyken peki ne oldu da tepetaklak olduk birden? Yeni doğan bebek oyuncakla oynamıyor, laftan sözden anlamıyor, sürekli ağlıyor, aralıksız emmek istiyor ya da emmeyi reddediyordu. Süt bir türlü gelmiyor, gelse de acıyan meme uçlarıyla emzirmek çok zor oluyordu. Sahi, hani dünyanın en güzel duygusuydu emzirmek? Herkesin bir göğsünden emzirirken diğer göğsünden sütler fışkırırken senin niye sütün gelmiyordu? Ya da keyif vermiyordu. İyi anne değil miydin yoksa?

Henüz 3 kg, 50 cm'lik minicik bir yavru olmasına rağmen tüm evi nasıl ele geçirdiğine hayret ettik. Sadece evi mi? Tüm zamanımızı, gecemizi gündüzümü, hayatımızı istila etti bu minicik beden!

Yalnız değilsin, bebek sahibi olunan ilk aylar duvara çarpmak gibi bir şey! O duvara ben de çarptım! Hepimiz çarptık. Ruhumuzu yaraladık sandık, yaralarımızı bebek kokusuyla sardık ve gördük ki annelik tam olarak buymuş! Bir delilik haliymiş. Evet evet, yanlış okumuyorsun, tam bir delilikmiş! Hatta daha da enteresan yanını söyleyeyim mi, bu delilikten zevk alma haliymiş annelik...

"Asla anneme benzemeyeceğim" deyip fotokopisi olma haliymiş...

"Ah bir doğsa" deyip "hamilelik iyiymiş ya" deme haliymiş...

Gaz çıkarma ve anne sütü almanın bir dönemin en önemli meselesi haline gelmesi haliymiş...

"Ah bir yürüse" deyip "bu çocuk niye bir dakika oturmuyor" demek, hatta "of bir konuşsa" diye günleri sayıp "ne olur bir dakika sussun" çelişkilerini yaşama haliymiş...

Hasta olunca üç gün üç gece hiç uyumayıp gene de dinç olabilme haliymiş...

En sevdiğin eşyan kırılınca içinde fırtınalar koparken "canın sağ olsun yavrum nazar çıktı" derken içinden sessiz çığlıklar atma haliymiş...

"Ayyy bir uyusa da sıcak bir kahve içsem" derken uyuduktan sonra oturup resimlerine bakma haliymiş...

Azıcık sosyalleşeyim diye dışarı çıkıp, beşinci dakikada özleyip, arkadaşlarınla birlikte geçirdiğin bütün zaman dilimi boyunca yavrunu anlatıp, fotoğraflarını gösterip, deliler gibi özleyerek eve dönme haliymiş...

Kocaman da olsa, sabahlara kadar deliksiz de uyusa, geceleri uyanıp nefes alıyor mu diye kontrol etme haliymiş...

Her yere koca bir çanta ile gidilmesine rağmen, o dev çantada sürekli bir şeylerin eksik çıkmasına şaşırma haliymiş...

Artık haberleri izleyememe, her şehit haberiyle yasa boğulma haliymiş...

"Aman sanki küçükken annem benimle her akşam oyun mu oynuyordu, bak ne de güzel büyüdüm" derken kendini "of akşam ne oynayacağız" düşüncesi içinde bulma haliymiş...

Kırsa da, bağırsa da, hırçınlaşsa da, uyumasa da, yemese de, arada bir sinir harbi yaşatsa da, her doğan gün yeniden âşık olma haliymiş...

Sürekli "yerim, kurban olurum" terminolojisiyle yaşama haliymiş...

Kısacası annelik tam bir delilikmiş... Ve hemen hemen her kadın bu deliliği tatmak istermiş. İşte tam da bu delilik hali içinde çocuğunun anını yaşayamaz, hep bir adım öteye geçmek istemekmiş annelik. Tıpkı bir bilgisayar oyunu gibi yani. Hep bir aşama atlama derdiymiş annelik!

Ah bir hamile kalsam...

Ah bir doğsa...

Ah bir emse...

Ah bir gülse...

Ah bir ek besinlere alışsa...

Ah bir kelime etse...

Ah bir otursa, yürüse, konuşsa, tuvaletini söylese, okula alışsa, okumayı öğrense, üniversiteyi kazansa, iş güç sahibi olsa, evlense, çocuğu olsa...

Liste çok uzun ve biz anneler sürekli yeni bir aşamaya geçme telaşındayız. Bir sonraki aşama bazen daha kolay, bazen çok zor... Ama biliyor musun sevgili anne, en zor sanılan aşamalar geride kalıyor, hem de o kadar hızlı geçiyor ki süre. Ne zaman oyunun o bölümünü oynadığınızı unutabilecek kadar hızla akıyor zaman... İşte hep söylediğim gibi, çocuk büyütmek bir yarış, varılması gereken bir nokta değil, bir süreç. Hem de her saniyesinden tat alınarak geçirilmesi gereken bir süreç. Arada kızsak da, "pöf bugünler hiç geçmeyecek mi" desek de, uykusuz geceler hiç bitmeyecek sanıp yavrumuzla beraber ağlasak da, saç baş Allah'a havale, tırnaklar toynaktan hallice, gözaltları mor, evimizde tsunami olmuş gibi bir dönem yaşasak da, ömrümüzün en güzel günleri bunlar. Günler geçiyor, doğan büyüyor...

İşte tüm bu deneyimleri ve bilgi birikimlerini, en başından başlayıp anlatarak, içinize su serpmek amacıyla bu kitabı yazdım. Elinizde tuttuğunuz kitapta tazecik bir annenin öyküsünü anlattım, Zara'nın öyküsünü... Aslında Zara hepimizden izler taşıyor. Endişeleri bizimle aynı. Çocuğu ona güvenli bağlansın, onunla etkili iletişim kursun, tuvalet alışkanlığını kolayca kazansın, kendi kendine uyusun, oyuncaklarını paylaşsın, okula kolayca alışsın, kitap okumayı sevsin, teknoloji bağımlısı olmasın, özgüveni yüksek olsun ve daha birçok şey isteyen, birçok hayali olan tazecik bir anne o. Bu süreçte korkuları var. Bazen ne yapacağını bilemediği için endişeli, bazen hatalı davranmaktan korkuyor, bazen de iyi bir anne olamamaktan. Bu kitapta Zara'nın elinden tuttum, elimden geldiğince neler yapması gerektiğini anlattım. Gözlerine baktım ve kulağına "Korkma! İyi bir annesin" diye fısıldadım. Aslında fısıldadığım kişinin Zara değil de sen olduğunu bilerek, hissederek...

Korkma!
Kucakla

Zara ve Koray üç yıl önce dillere destan bir düğünle evlenmişlerdi. Dillere destandı çünkü Koray'ın annesinin ettikleri ancak destanlarda olurdu! Neyse ki evlendikten sonra her şey normale dönmüştü. Hatta şimdilerde bir çocuk hayali bile kurmaya başlamışlardı. Menstrüasyon zamanı biraz gecikince öyle bir heyecan sardı ki Zara'yı! Hamile kalmayı çok istiyordu. Sürekli internetten bebek resimlerine bakıyor, sosyal medyada ağırlıklı olarak anne hesaplarını takip ediyordu. Her gün sabah uyandığında "inşallah bugün de adet görmemem" diye dua ediyordu. On gün gecikmişti. Biraz göğüsleri de sızlıyordu aslında. Ama internetteki tüm forumlarda, hamile kalmayı çok isteyen kadınların psikolojik olarak hamilelik belirtileri gösterebileceği yazılıyordu. Acaba gerçekten hamile miydi yoksa vücudu isteklerine uygun mu davranıyordu? Eczaneden bir gebelik testi alıp uygulamayı düşündü. Ama "ya hamile çıkmazsam" korkusuyla testi almaktan vazgeçti. En kesin sonucun kanda çıktığı yazıyordu her yerde. Kararını vermişti. Bekleyecekti. Bekledi, bekledi... On üçüncü günün sonunda eşine "Tamam artık Koray, daha fazla sabredemeyeceğim. Lütfen artık doktora gidelim" dedi. Randevuyu aldılar ve işte ertesi gün akşamüstü doktorun muayenehanesindeydiler. Doktor gülümseyerek "gebelik isteği var herhalde dedi" Zara'nın yüzü al al olmuştu. "Evet, inşallah" diyebildi sessizce. "Hadi bir bakalım o zaman" dedi doktor. Zara hayatının en heyecanlı deneyimini yaşıyordu. Bu bekleyiş, üniversite mezuniyetinden, nişanından, düğününden hepsinden ama hepsinden daha heyecan vericiydi. Doktor ultrason cihazını Zara'nın karnında gezdirirken önündeki ekrana dikkatlice bakıyordu. Acaba ne görüyordu? Neden konuşmuyordu? Belki sadece üç-dört dakikalık sessiz bir bekleyişti ama Zara'ya çok çok uzun geldi. Doktor Zara ve Koray'a dönerek "kese oluşmuş, altı haftalık bir gebelik görünüyor" demez mi! O an Zara ve Koray'ın gözleri buluştu. İkisinin de göz pınarları dolu doluydu. Anne ve baba olacaklardı! Bu mucize gibi bir şeydi! Doktor kan tahlili vermesi için Zara'yı laboratuvara yönlendirdi ve bir sonraki hafta tekrar görüşmek üzere randevulaştılar.

Zara hamile olduğunu öğrendiği gün dünyalar onun olmuştu sanki. Kendisini çok şanslı hissediyordu. Çevresinde bulunan birçok arkadaşı çocuk sahibi olmak için uzun ve sancılı tedavi süreçleri atlatmıştı. İçinden "çok şükür" diye geçirdi Zara. Çok fazla uğraşmadan hamile kalabilmişti.

Günler ayları kovaladı ve zaman tahmin ettiğinden hızla akıp geçti. Zara hamileliğinin otuz sekizinci haftasına gelmişti bile. Hamileliği harika geçiyor, minik yavrusunun kıyafetlerini odasını özene bezene hazırlıyordu. Arada sırada bebeğine aldığı yenidoğan takımlarını dolabından çıkarıyor, uzun uzun bakıp bu kıyafetlerin içinde bebeğini hayal ediyordu. Hatta bu kıyafetleri kokluyordu bile. Bebeğinin banyosu, şampuanları, lifi, banyoda yerini almıştı. Köpükler içinde bebeğini yıkarken hayal etti kendisini. Hayallerinde yumuşacık havluya sardı yavrusunu, öptü kokladı. Dünyanın en güzel kokusu bu olmalıydı. Minik bir masajdan sonra tatlı yavrusu derin bir uykuya daldı. Zara işaret parmağını bebeğinin yanaklarında, burnunda, dudağında, alnında gezdirdi. Bu gerçekten minik bir mucizeydi...

Derken bir gün Zara kasıklarında ani bir sancı hissetti. Ardından bir ıslaklık ve her şey hızla gelişti. Neyse ki eşi ve annesi evdeydi. Haftalar öncesinden hazırladıkları hastane çantası zaten kapının önünde bekliyordu. Zara'nın sancıları arttıkça heyecanı da katlanıyordu. Ve işte ertesi sabah saat 02.00 sularında kızı "Koza"ya kavuştu. Sahi Koza diye isim mi olurdu? Zara etrafındakileri bu isme alıştırmak için ne kadar çok çaba sarf etmişti. Oysaki ne kadar anlamlıydı. Eşi Koray'ın ilk hecesi ve Zara'nın ilk hecesi birleşiyor ve minik "Koza"larını oluşturuyordu. Daha bebek doğmadan aile içinde "öyle isim mi olur" tartışmaları başlamıştı aslında. Bal gibi de olurdu işte! Aşklarının kozasıydı bu bebek. Sonsuza kadar onda saklı kalacaktı...

Hastane odasında Koza'yı hiç kucağından bırakmak istemedi Zara. Ama refakatçisi olan annesi, ziyarete gelen arkadaşları, kayınvalidesi, görümcesi, eltisi hepsi ağız birliği yapmış gibi "bak böyle kucağa alıştıracaksın çocuğu, sonra sana hiç rahat vermeyecek" diyorlardı. Ama Zara'nın içinden gelen bir ses doya doya kucaklaması gerektiğini söylüyordu. Bir daha hiç böyle kokmayacak, bir daha hiç bu kadar küçük olmayacaktı ki. Kucağa alışsa ne olurdu? Zara'nın kafası iyice karışmıştı. Ağlasa bile kucağına almayacak mıydı şimdi? Peki, bu nasıl olacaktı, Zara Kozasına nasıl kıyacaktı?

....

Sana da doğum yaptığında "aman fazla kucağına alma alışır" dediler mi? "Evet" dediğini duyar gibiyim. Oysa o kadar yanlış bir söylem ki üzerinde "korkma bebeğini kucakla" yazan t-shirt yaptırıp giyip gidip Kızılay Meydanı'nda oturasım var!

Neden mi? Çünkü bebek doğduğunda tek olmak istediği yer var: Annesinin kucağı. Son dönemde yapılan araştırmalarda gösteriyor ki bebek doğduğunda 4. trimester'a geçiş yapıyor. Trimester da ne mi? Hemen açıklayayım. Bebeğin anne karnındaki hayatı üç bölüme ayrılıyor.

1-3 ay 1. trimester

3-6 ay 2. trimester

6-9 ay 3. trimester

Bu durumda doğumdan sonra bebeğimizin annesin kucağında üç aylık olana kadar geçirdiği süre 4. trimester oluyor. Yani bebek önce anne karnında, sonra anne kucağında büyüyor.

Doğumdan sonraki üç aylık dönemde bebekler annelerini kendilerinin bir uzantısı gibi hissederler. Yani annesi kendisinden bağımsız bir birey değil vücudunun bir parçasıdır. Bu nedenle bebek anne kucağından ayrılmak istemez. Bu dönemde siz anneye "kucağına alma alışır" derseniz bebeğin kendisini huzursuz, mutsuz, korunaksız, kolu kanadı kırık hissetmesine neden olursunuz. Düşünsenize etrafındaki her şey ona yabancı. Tek tanıdığı annesinin sıcaklığı, sesi, kokusu... Onu bundan mahrum etmek çok büyük acımasızlık değil mi?

Artık her yerde "güvenli bağlanma"nın önemi vurgulanıyor. Kitabın ilerleyen bölümlerinde bu konuya ayrıntılarıyla değindim. Ebeveynine güvenli bağlanan çocukların özgüveninin daha yüksek, benlik algılarının gelişmiş bireyler olduğu yönünde araştırmalar mevcut. Peki bu çocuk nasıl güvenli bağlanacak? "Koy kızım sen onu beşiğine, oracıkta kendi kendine güvenli bağlanıversin" Sevgili anne-baba, yok böyle bir gerçek! **Güvenli bağlanma beşikte değil, kucakta gerçekleşen bir süreçtir.** Bize düşen, yenidoğan bebeğimizi mümkünse gürültüden uzak, huzurlu bir ortamda kucağımızda seve okşaya büyütmektir.

İlk üç ay kendisini annesinin bir uzantısı gibi görüyor dedik, peki sonra ne oluyor? O halde birinci aydan anlatmaya tekrar başlayalım ve biraz da Margaret S. Mahler'i analım. Dur dur, hemen yabancı bir isim gördün diye okumayı bırakma. Çünkü Mahler de "korkma kucakla" diyor. Hatta anlattıklarımızın çoğu Mahler'e dayanıyor.

Ne diyorduk? Evet bebeğimiz yeni doğdu, ooh mis gibi kokuyor. Üstelik çoğunlukla uyuyor. Sadece acıkırsa ya da altı kirlenirse uyanıyor. Bazı anneler çok uyuyor diye endişe edebiliyor. Oysaki endişelenecek bir durum yok. Yaşamının ilk ayı bebeğin hayatının çoğunu uyuyarak geçirdiği dönemdir. Bebeğimizin dış dünya ile pek bir ilgisi yok gibidir. Sadece kendi içsel ihtiyaçlarına odaklanmıştır. Karnı acıkırsa altı kirlenirse uyanır ve ihtiyaçlarının karşılanmasını bekler. Hatta bebek dış dünyaya fazla ilgi göstermediği, genelde kendi içsel fizyolojik ihtiyaçlarına odaklı olduğu için bu döneme "normal otizm aşaması" adı bile verilmiştir.

İlk aydan sonra bebeğimiz artık annesinin sesine, dokunuşlarına, kokusuna tepki vermeye başlar. Fakat bu kokunun, sesin sahibinin kendisi olduğunu zanneder. Evet evet, doğru okuyorsunuz. Yukarıda da bahsettiğim gibi, annesini ayrı bir varlık olarak değil, kendisiyle bir, tek bir varlık olarak algılar. Bir-beş aylık bu dönemde bebeğin kendisini en güvende hissettiği yer neresidir bilin bakalım? Evet, bildiniz. Annesinin kucağı! Kucağındayken annesinin yüzünü incelemeye ve hatta yaklaşık ikinci ay civarında annesine gülümsemeye başlar. O ilk gülümseme annede büyük bir coşku uyandırır. "Bana güldü, bana güldü" diye tüm yakınlarına haber verir. Ve bir gülümsemesini yakalamak için elinde kamera ya da cep telefonu fotoğraf peşine düşer. Bu bebeğin ilk sosyal gülümsemesidir ve büyük bir coşkuyu gerçekten hak eder. İşte tam bu dönemlerde bebek anne kucağındayken annesi bebeğini taklit etmeye başlar. O gülünce güler, dudaklarını büzünce büzer yani bebeğinin yaptığı tüm yüz ifadelerini taklit eder. Hatta dışardan izleyenler için oldukça komik ve anlamsız görünebilir. Ama biliyor musunuz bu çok önemli bir aşamadır ve annenin bebeğini taklit etmesi bebeğin annesiyle bir varlık olduğu düşüncesini güçlendirir. Sevgili Margaret Mahler bu döneme de "normal sembiyoz aşaması" adını vermiştir. Sembiyoz biraz itici bir kelime gibi görünse de anlamı "kişinin başkalarının yaşam enerjisi, kişiliği, statüsü sayesinde yaşaması, ona bağımlı olması, onsuz yapamaması durumu" olarak tanımlanmaktadır. İşte yeni doğmuş bebeğimizin de tam olarak durumu budur. Annesiz yapamamaktadır tatlı yavrucak...

Hikâyemizin başındaki yeni doğum yapmış Zara'ya dönecek olursak. Sevgili Zara, inan bana da "çok kucağına alma alışır" diyenler oldu ama benim bir kulağımdan girdi, bir kulağımdan çıktı gitti... Sıfır-bir yaş döneminde bebeğinin ihtiyacı olan senin kucağın, sıcaklığın, kokun. O zaten kucağa alışkın doğuyor. Minicik yavrunun kendisini güvende ve huzur içinde hissetmesini istemez misin? O halde sımsıcak, güvenli kollarınla, sar sarmala, mis gibi kokusunu doyasıya içine çek. Bir daha hiç bu kadar küçük olmayacak, bir daha hiç böyle kokmayacak. Günler hızla geçiyor. Çok değil bir yıl sonra istesen de kucağında durmayacak. Bırak konuşsunlar; sen tadını çıkar, öp, kokla, sarıl... Hiç ama hiç KORKMA! KUCAKLA.

Zara öğüdümüzü tuttu, korkmadı, her ihtiyacı olduğunda kucakladı Koza'yı. Koza altı aylık olduğunda ise hem kucaktan inmek istemiyor hem de sanki kucaktan inmek ister gibi annesinin kucağında iki büklüm duruyordu. Annesinin kucağından inince ağlıyor ama gözünü çevreden alamıyordu. Bir gün kayınvalidesi Fatma Hanım "bak çocuk aslında kucağından inip çevreyi keşfetmek istiyor ama sen öyle bir kucağına alıştırdın ki çocuğun senin kucağından inmeye cesareti yok" deyiverdi. Zara hiç sesini çıkarmadı. Ama bu cümle kor gibi yüreğine oturdu. Sahi öyle mi olmuştu? Biricik yavrusunun kendine güvenli bir şekilde büyümesini isterken onun bağımsızlığını elinden mi almıştı?

Ah Zara ah! Emin ol sen Kozan için doğru olanı yapıyorsun. Ama kayınvalidenin bilmediği bir bilimsel gerçek var. Bebeğimiz, büyüme macerası devam ettikçe annesinin ondan farklı bir birey olduğunu anlar ve beş-dokuz aylar arasında çevresindeki diğer insanları da incelemeye başlar. Hatta annesinin kucağındayken eğilip iki büklüm olarak gördüğümüz çocuklar genelde bu ay aralığındadır. Hani kucaktan bırakıldığı zaman ağlar ama bir türlü kucakta da durmazlar ya! İşte tam bu dönemin özelliğidir. Muhtemelen Zara'nın kayınvalidesi gibi sizin de aile büyükleriniz "alıştırdın kucağına" diye başınızın etini yemeye işte tam bu dönemlerde başlamıştır. Oysaki tatlı bebeğimiz annesinin farklı bir varlık olduğunun bilinciyle çevresinde süren hareketli hayatı fark etmiş ve pür dikkat incelemeye başlamıştır. Artık sadece annesinin yüzünü değil, küpesini, kolyesini, kıyafetlerini de inceler. Bir annesine bakar, sonra kafasını çevirir çevresine bakar. Aslında annesi ve çevresini birbiriyle karşılaştırır. Bu dönemde yuvarlanmaya, oturmaya, nesnelere uzanmaya hatta emeklemeye başlar.

Tam da emeklemeye, hatta akabinde yürümeye başladığı ortalama dokuz-on iki aylar arasında, artık annesinin kucağından inerek etrafı keşfetmeye başlar. Çevresini inceler ama dönüp dönüp annesi bıraktığı yerde mi, gözünün önünde mi diye sürekli kontrol eder. Yani annesini güvenli bir üs gibi kullanır. Önce gider çekmecenin içini boşaltır, sonra dönüp annesine bakar. Canı yandığında, heyecanlandığında, korktuğunda, mutlu olduğunda, yani her hâlükârda tüm keşiflerin durak noktası annesinin kucağı olur. Ailelerin bu dönemde güvenlik önlemlerini alarak çocuğun keşiflerine izin vermesi çok önemlidir. Çünkü bu bebeğimizin ilk bağımsız adımlarıdır ve keşif sürecinden korkmayı değil zevk almayı öğrenmelidir. Çekmeceyi boşaltması konusu mu? Bu konuya "korkma keşfediyor" bölümünde ayrıntısıyla değineceğim.

Şimdi Zara'nın kayınvalidesi Fatma Hanıma müjdeli bir haberim var. Artık Koza on iki aylık oldu! Fatma Hanım müjde! Çocuk kucaktan iniyor! Artık yürümeye başlayan bebeğimiz on iki-on beş aylar arasında ayağa kalkmanın tadını çıkarır. Sürekli hareket halindedir. Artık anne istese de uzun süreli kucakta durmaz. "Hani alışıyordu bu çocuk kucağa, keşke alışsaymış" diyeceğiniz yeni bir döneme hoş geldiniz. Aklı fikri çekmecelerde, sehpanın üstündeki objelerde, çamaşır-bulaşık makinesindedir. Annesinden daha çok keşif sürecine yönelir ama ara sıra annesi yakınında mı diye de bakmayı ihmal etmez. Düşse de çarpsa da engel tanımaz! Canlı cansız her türlü varlığa büyük bir heyecanla dokunmak ister. Fakat nasıl dokunacağını bilmediği için birtakım kazalar olabilir. Hani alışıyordu kucağa Fatma Hanım?

Aslında Fatma Hanıma meydan okumak için biraz erken davranmış olabiliriz. Çünkü on iki-on beş aylar arasında "çocuğumun huyu değişti" dediğiniz bir döneme merhaba diyeceksiniz. O bağımsızca keşfeden çocuk, ortalama on beş-yirmi dört aylar arasında sanki yeniden bir annesi olduğunu keşfedecek! Yapışacak eteğinize. "Hadi yavrum bak çekmecede ne var" diye onun ilgisini çekmeye çalışacaksınız. Tatlı yavrunuz "sen de gel" diyecek. Diyemezse eteğinizden çekiştirecek. Müjde! Bir süre böyle eteğinize yapışık yaşayacaksınız. Ne bulduysa getirip size gösterecek, kolunu, bacağını vurunca gelip öptürecek, sürekli sizi bir yerlere sürüklemeye çalışacaktır. İki arada bir derede kalmış gibidir. Bir taraftan keşfetmeyi bir taraftan anneyi ister! Bu normal bir gelişimsel süreçtir. Çevreyi keşfetmiş, annenin kendisinden farklı bir varlık olduğunu anlamış, onu kaybetmekten korkmaya başlamıştır.

"İşte çocuğun yanından bir dakika ayrılmazsan böyle olur", "bağımlı yaptın çocuğu kendine" diyen çevredeki seslere kulaklarınızı tıkayın. Normal gelişimsel sürecin tadını çıkarın ve bebeğinizin yanında olun. Çünkü çocuk iki-üç yaş arasında, annesinin gözünün önünden kaybolsa da geri geleceğini yavaş yavaş anlamaya ve bağımsız adımlar atmaya başlayacaktır. Acele etmeyin, yavaş yavaş bağımsızlığını kazanacak. Gün gelecek pencerelerde, balkonlarda dönüşünü bekleyeceksiniz. Öyle değil mi Fatma Hanım? Eminim siz de Koray Beyi az beklemediniz pencerelerde...

Korkma!
Güvenli
Bağlanır

Son zamanların en popüler konularından birisi olan güvenli bağlanma Zara'nın da ilgisini çekiyordu. Okuduğu her kitapta güvenli bağlanmanın öneminden bahsedildiğini görüyordu. Sahi neydi bu güvenli bağlanma? Gerçekten bu kadar önemli miydi? Çocuğuna güvenli bağlanma ortamı sağlayabiliyor muydu? Zihni bu sorularla meşgulken bir taraftan da kayınvalidesi Fatma Hanım sürekli "Biz kaç tane büyüttük. Bırak sen bunları. Bak aslan gibi bir oğlan yetiştirdim. Çocuk dediğinin önüne gak deyince su, guk deyince yemek koyarsan şımarır, değer kıymet bilmez" diyordu. Ah bu Fatma Hanım! Zara'nın kafasını sürekli karıştırıyordu...

....

Güvenli bağlanma sadece Zara'nın değil, hepimizin kafasını karıştıran, merak uyandıran bir durum. Hatta güvenli bağlanmayla ilgili birçok araştırma yapılmış, üzerinde çok düşünülmüş, bir sürü kitap-makale yazılmış. Çünkü yapılan araştırmalar diyor ki güvenli bağlanma kişiliğimizi, hatta ileride eşimizle olan ilişkilerimizi bile etkiliyor!

Peki nedir güvenli bağlanma? Aslında güvenli bağlanma, çocuğun ihtiyaçlarının zamanında ve tam olarak giderilmesi diye tanımlanıyor. Fakat bu biraz duygulardan uzak bir tanımlama. Çocuğun karnını doyurup gazını çıkarıp altını değiştirdin mi güvenli bağlanıveriyor gibi bir sonuç çıkıyor sanki. Oysaki tanımda yer alan "ihtiyaçlar" kelimesi kendi içinde çok büyük anlamları barındırıyor. Bir düşünelim, bebeğin en büyük ihtiyacı nedir? Sevgi dolu güvenli bir ortam değil mi? Sevildiğini, önemsendiğini, güvende olduğunu hissetmek. Bu da işte sadece altını değiştirip karnını doyurmakla, yani sadece fizyolojik ihtiyaçlarını karşılamakla olmuyor.

Aslında güvenli bağlanma karşılıklı bir süreç. Sadece bebek anneye bağlanmıyor, aynı zamanda anne de bebeğine bağlanıyor. Doğumdan hemen sonra karşılıklı bağlanma ilişkisi içerisinde, anne ve çocuk arasında sıcak bir ilişki doğuyor. Hatta yapılan bazı çalışmalar bu bağlanma ilişkisinin daha bebek doğmadan kurulmaya başladığını iddia ediyor.

Peki bu süreç nasıl işliyor? Güzel bebeğimiz acıkıyor ve ağlamaya başlıyor. Anne hemen koşa koşa bebeğinin yanına geliyor. Yavrusunun aç olduğunu fark ediyor ve hemen onu beslemeye başlıyor. Beslerken gözlerinin içine bakıyor, okşuyor, sevgi dolu sözler sarf ediyor. Aynı durum altını kirletip huzursuzlanınca da yaşanıyor. Bebek ağlıyor ve annesi hemen yanına gelip onu sakinleştirecek müdahalede bulunuyor. Böylece o tatlı bebek diyor ki "her ihtiyacım olduğunda yanımda, korkulacak bir şey yok, güvendeyim"

Evet, fizyolojik ihtiyaçları zamanında karşılamak önemli fakat bu ihtiyacı karşılarken sevgiyi, sıcaklığı hissettirmek de önemli. Gerçi bunu anneler farkında olmadan yapıyorlar zaten. Altını değiştirirken bebeklerinin ayaklarını öpüyorlar, emzirirken ya da biberonla beslerken saçlarını, yüzünü okşuyorlar. "Tamam başını da okşadım, gözlerinin içine de baktım, güvenli bağlandık herhalde" diye düşünerek yapmıyor bunları anne. İçinden geliyor, işte böyle böyle güvenli bağlar kuruluyor...

Şimdi size ilginç bir deneyden bahsetmek istiyorum. Malum bilim dünyası maymunlar üzerinde deney yapmaya pek meraklıdır ve bu deneyler sayesinde çeşitli bilgilere ulaşılmıştır. İşte birçok konuda yapıldığı gibi güvenli bağlanma konusunda da maymunlarla bir deney yapılmış. Schrier ve Harlow 1958 yılında, yani bundan altmış yıl önce, yavru maymunları doğdukları anda hemen annelerinden ayırmışlar. Bu yavruları onlar için hazırlanmış rahat kafeslere koymuşlar. Bu kafeslere de iki tane anne modeli monte etmişler. Anne modellerinden bir tanesi tahta başlıymış ve vücudu telden, silindir şeklinde yapılmış. Diğer anne ise tahta bloklardan yapılmış, yumuşak, kahverengi bir kumaşla kaplanmış. Her iki yapay anne maymun, arkalarına konulan bir ampul sayesinde kendilerine yaklaşan bebek maymunlara sıcaklık verebiliyormuş. Fakat bu iki annenin arasında bir fark varmış. Telden olan anne maymunun göğsüne bir biberon yerleştirilmiş. Yani o yavruları emzirebiliyormuş.

Haydi tahmin edin bakalım. Yavrular telden olan ama emzirebilen anneyi mi tercih etmişler? Yoksa tahtadan yapılmış yumuşak, kahverengi kumaşla kaplanmış anneyi mi?

"Yumuşak, kahverengi kumaşla kaplı anneyi tercih etmişlerdir" diyenler, siz kazandınız. Yavru maymunların korktuklarında, uyumak istediklerinde, süt vermeyen ama gerçeğe daha çok benzeyen anneye gidip sokuldukları gözlenmiştir.

İşte bu çalışma, sadece fizyolojik ihtiyaçların karşılanmasının yeterli olmadığını gözler önüne sermesi açısından bilim dünyasında büyük bir öneme sahiptir.

Aslında Harlow'un yaptığı çalışmalar incelendiğinde, anne-baba ilgisinden yoksun kalarak büyüyen maymunların yetişkin olduğunda çiftleşmede sorunlar yaşadıkları, erkek maymunların çiftleşemedikleri, dişi maymunların ise yavrularına ciddi cezalar uyguladıkları yönündedir. İşte bu bulgular güvenli bağlanmanın gelecekteki ilişkileri etkileyebileceğini destekler niteliktedir.

Araştırmacılar doğumdan hemen sonra annelerinden ayrılmak zorunda kalan bebeklerde gelişimin daha yavaş olduğunu, bu bebeklerin beslenme sorunları yaşadıklarını, yüzlerinde üzüntülü bir ifade olduğunu, bebeklerin kalp atım hızının yükseldiğini ileri sürmektedirler.

Bu noktada çalışmak zorunda kalıp çocuklarından gün içinde ayrılmak durumunda kalan anneler tedirginlik yaşayabilirler. Genelde çocuklarını aile üyelerinden birisine emanet edip çalışma hayatına geri dönmek zorunda olan anneler bağlanma sürecinde bir kopukluk olabileceğinden endişelenirler. Araştırmacılar, bebekleri dokuz aylık olmadan önce çalışma hayatında geri dönmek zorunda olan anneler ve çocukları ile yaptıkları çalışmalarda, annenin çalışmasının bağlanma sürecini etkilemediği sonucuna ulaşmışlardır. Çalışan anneler bebekleriyle daha az vakit geçirmelerine karşın, onların ihtiyaçlarına daha duyarlıdırlar. Burada güvenli bağlanmayı etkileyebilecek durum, annenin rol çatışmasına girip çocuğuna yeterince vakit ayırmadığı kaygısını yaşaması ve bu kaygıyla bebeğiyle nitelikli vakit geçirmemesiyle ortaya çıkabilir.

Önemli olan bir diğer nokta ise anne çalışma hayatına döndüğünde bebeğe bakacak kişinin sürekli değişmemesidir. Bu kişinin mümkünse anne işe başlamadan önce bebeğin bakım sürecine dahil olması önemlidir. Henüz bağlanma sürecini tamamlamamış olan bebeğe bakan kişinin sürekli değişmesi, bağlanma sürecini olumsuz etkileyebilmektedir.

Bağlanmayla ilgili en ilginç nokta ise bağlanmanın bebeğimizin gelecekteki ilişkilerine yön verecek olduğu iddiasıdır. Düşünsenize, bebeğinizle aranızdaki ilişki, ileride gelininizle/damadınızla çocuğunuzun ilişkisini etkiliyor! Kahve falı gibi bir şey! Yani bağlanma kuramını geliştiren John Bowlby'nin iddialarına göre ne ekersek onu biçiyoruz. Yani küçücük yavru annesiyle nasıl ilişki kuruyorsa ileride eşiyle ya da duygusal ilişki içerisinde olduğu kişiyle de benzer bir ilişki kuracak. Ne kadar ilginç değil mi? Bu konuyla ilgili de birçok çalışma yapılmış ve günümüzde de yapılmaya devam ediliyor.

Hatta bundan yaklaşık elli yıl önce Mary Ainsworth "yabancı durum deneyi" isimli, bağlanma konusuna damgasını vuran çok önemli bir çalışma yapmıştır. Bebek ve anne bir odada oynarken annenin aşamalı olarak odadan ayrılması, yabancı birinin gelerek bebeğe yaklaşmasıyla ilgili bir deneydir. Ama hemen panik olmayın, anne en fazla üç dakika bebeğini yalnız bırakmaktadır. Tabii yedi ayrı periyotta toplam yirmi bir dakika oluyor. Sıkıcı olmaması açısından deneyin ayrıntılarını uzun uzun yazmayacağım ama bu deneyin sonucunda günümüze damgasını vuran üç tip bağlanma davranışından bahsedilir. Bu bağlanma davranışlarının bebeğin gelecekteki ilişkilerini etkilediği savunulur.

1. Güvenli bağlanan bebeklerde anne odadan çıktığında bebek tepki gösterir, ağlamaya başlar fakat anne odaya geri dönüp bebeğini kucağına aldığında bebek çabucak sakinleşir ve sakinleştikten sonra odada keşfe devam eder.

2. Kaygılı-kararsız bağlanma gösteren çocuklar, anneleri odadan ayrıldığında tepki vererek ağlarlar fakat güvenli bağlanan bebeklerin aksine anneleri odaya döndüğünde kolay sakinleşemedikleri ve annelerinden ayrılmadıkları gözlemlenmiştir.

3. Kaçınan bağlanma sitilinde ise bebekler annelerinin odadan çıkmalarına hiç tepki göstermezler, anneleri odaya döndüğünde ise yine anneleriyle ilgilenmezler, çevredeki oyuncakları keşifle meşgul olurlar. Anneleri yokmuş gibi davranırlar.

Sonuç olarak güvenli bağlanan bebekler, anneleri yanındayken daha az ağlamaya ve daha çok keşfetmeye meyillidir. Güvensiz bağlanan (kaygılı kararsız bağlanan) bebekler ise anneleri tarafından kucağa alındığında bile ağlamaya devam ederler ve daha az keşfetme davranışlarında bulunurlar.

İşte tüm bu deneyler ve yapılan birçok çalışma, güvenli bağlanan bebeklerin yetişkinlik hayatında ilişkilerini güven temeline oturtan, sevmekten ve sevilmekten korkmayan, iletişime açık ve mutlu ilişkiler yürüten; kaygılı kararsız bağlananların ise ilişkilerinde kaybetme korkusu yaşayan ve çok kolay bağlanan, sürekli ilgiye ihtiyaç duyduğu için karşısındaki kişiyi bunaltan; kaçınanların ise adından da anlaşıldığı gibi uzun süreli ilişkiler kurmaktan kaçınan ve genellikle imkânsız aşkları seçen yetişkinler olduğu sonucunu ortaya çıkarmıştır.

Görüyor musunuz hayatın ilk iki yılında anne ve çocuğun arasındaki ilişkinin düzeyi nelere kâdir? Yavrunuzun gelininizle/damadınızla kuracağı ilişkinin temelini siz atıyorsunuz... Bebeğinizin sizinle kurduğu ilişki tüm yaşamını etkiliyor. Sadece ilişkiler bağlamında değil, güvenli bağlanan çocukların okul öncesi dönemde problem çözme becerilerinin daha yüksek olduğu, sosyal ilişki kurmakta daha başarılı oldukları, yetişkinlerle daha iyi iletişim kurabildikleri, yaşıtlarıyla daha işbirlikçi çalışmalar yapabildikleri yönünde çalışmalar da bulunmaktadır.

Bağlanma kuramının babası Bowlby, bağlanmanın doğumdan sonraki haftalarda düşük bir seviyede bulunduğunu, ikinci ve üçüncü aylarda artan bir seyir çizdiğini, altı aydan sonra kendini açık bir şekilde gösterdiğini ileri sürmüştür. Gene Bowlby'e göre altı aydan on sekiz-yirmi dört aya kadar süren dönemde bebekler, tanıdık olmayan kimselere karşı ihtiyatlı ve çekingen bir tavır takınırlar.

Dolayısıyla çocuğunuz ilk girdiği ortamlarda kucağınızdan inmek istemiyor mu? Öyleyse çocuğunuzu kucağınızda sakinleştirin. Altı-yirmi dört aylık bir bebeğe sahipseniz bu çok normal bir durumdur. Asla çocuğunuzu "yabani", "asosyal" vb. tabirlerle yargılamayın! "Biz nerede hata yapıyoruz" diye kendinizi sorgulamayın. Bu gelişimsel olarak çok normal bir durumdur. Bakın bunu sadece ben söylemiyorum, elli yıl öncesinden bu durumun normal olduğunu ortaya koymuşlar. Deneylerle kanıtlamışlar.

Bebeğiniz siz odadan çıkıp mutfağa gittiğinizde bile sizin "yok olduğunuzu", bir daha gelmeyeceğinizi düşünmektedir. Bu dönemde tanımadıkları insanlardan korkarlar, "yabancı kaygısı" yaşarlar. "Ce-eee" ya da bir nesneyi/oyuncağı çocuğun gözünün önünde saklayıp tekrar bulma oyunları, aslında nesnelerin ve insanların yok olmadığını çocuğa göstermek ve zihinsel olarak bu olgunluğa ulaşmasını sağlamak açısından önemlidir. On sekizinci aydan sonra bebeğiniz artık kaybolan nesnelerin ortadan yok olmadığını anlayacaktır, ayrılık kaygısı ise tam olarak çocuğunuz üç yaşına geldiğinde ortadan kalkar. O nedenle bu yaştan önce çocuğunuz tanımadığı ortamlarda yanınızdan ayrılmak istemeyebilir ve bu "normal gelişim"in parçasıdır. Çevreden gelen "bu çocuk da annesine çok bağımlı", "ay pek sosyal ortamlara girmiyor ya ondandır", "anneci bu anneci" gibi cümleleri de umursamayın lütfen. Sevin, öpün, koklayın, ihtiyaçlarını zamanında ve ona sevginizi hissettirerek karşılayın. Korkmayın, sizin sevginiz ve özeninizle güvenli bağlanacak.

Korkma!
Ağlar

Doğduğu an... Koza'nın doğduğu anı hiç unutamıyordu Zara. Eşi Koray doğumda yanındaydı. Hissettiği acılarla Koray'ın elini sıkı sıkı tutarken birden Koza'nın çığlığı tüm ameliyathaneyi doldurmuştu. "Herhalde bir annenin çocuğunun ağlamasına sevindiği tek an bu olmalı" diye düşündü Zara. Nefes almaya başlamış ve akciğerlerine çektiği o ilk havanın acısıyla çığlık çığlığa ağlamaya başlamıştı Koza bebek. Zara gözyaşlarına hâkim olamamıştı, bu her tarafı inleten çığlık çığlığa ağlama sesleri, sanki onun anne olduğunu haykırıyordu. O an Zara Koray'la göz göze geldi ve ilk defa eşinin ağladığını gördü. Daha sıkı tuttu onun ellerini. Sonra birden Koza'yı kollarına verdiler. Bu koku, ah bu koku... "Hoş geldin güzel bebeğim. Ağlama, hep gül mis kokulum" derken kendisi de bir taraftan ağlıyordu...

İşte o günden sonra Koza'nın gözünden düşen bir damla yaşa tahammülü olmadı Zara'nın. Zamanla yavrusunun ağlamalarından ne istediğini anlamaya başladı. Altını mı kirletti, karnı mı acıktı, biraz huzursuz mu? Hemen anlayabiliyordu. Hamileliğinde hep söylerlerdi ona, bebeğin ne istediğini ağlayarak anlatacak, sen de onu anlayabileceksin diye. Gerçekten de anlıyordu. Aralarında farklı bir dil vardı sanki. Sadece ikisinin arasında! Ne özel bir şeydi şu annelik.

Bebeğin kırkı çıkana kadar Zara'nın annesi Sultan Hanım kızının yanında kalmıştı. Annesi Zara'nın eli ayağı olmuştu. Ah bir de her şeye karışmasaydı. Annesi de tıpkı kayınvalidesi gibi "bak öyle her ağladığında kucaklarsan bu çocuk sabretmeyi öğrenemeyecek" deyip duruyordu. Çevresel seslerle boğuşmaktan gönlünce kucağına alıp öpüp koklayamıyordu. "Yok kucağa alışır, yok sabretmeyi öğrenemez, yok şımarır" derken bir gün kendini, annesi ve kayınvalidesine "yeter artık, beni rahat bırakın!" diye bağırırken buldu.

....

Tıpkı Zara gibi hiçbirimizin yavrularımızın gözyaşlarına tahammülü yok. İstiyoruz ki hiç ağlamasınlar. Hep yüzlerinde güller açsın. Ama gerçekler hiç öyle olmuyor. Daha bebekken kendisini ağlayarak ifade etmeye çalışıyor. Başka bildiği yol yok ki ne yapsın yavrucak? Ağladığında annesi onun altının kirli olduğunu, acıktığını anlıyor. İhtiyaçlarının zamanında karşılanması bir önceki bölümde de bahsettiğim gibi bebekte güven duygusunun gelişmesini sağlıyor. İşte bu temel güven duygusunun, yani özgüveni yüksek bireyler yetiştirmenin en önemli temelleri sıfır-bir yaş arasında gerçekleşiyor, ne ilginç değil mi? Hatta bu döneme "temel güven-güvensizlik" dönemi deniyor. İhtiyacı zamanında karşılanan çocuğun kendine güveni artarken ihtiyaçları zamanında karşılanmayan çocuk güvensizleşiyor... Aslında bebekte hem güven hem güvensizlik duygusunun ikisi birden bulunuyor. Ama annenin tutumuyla bir tanesi ağır basıyor. Tabii ki biz ağır basanın "güven" duygusu olmasını istiyoruz.

Bu dönemde "sabretmeyi öğretmek" için bebeği ağlatmak çok yanlış bir tutum. Sabrı öğrenmenin zamanı bebeklik çağı değildir. Tam tersi bebek ağladığında anlaşıldığını hissetmeye ihtiyaç duyar. Zaten ihtiyaçları zamanında karşılanan, gereksinimlerinin fark edildiğini hisseden bebekte sabır zamanla gelişecektir.

Peki, bebeklik dönemi tamam, ya ilerleyen dönemlerde? Kendisini kelimelerle ve cümlelerle ifade etmeye başladıktan sonra, eğer her istediğini ağlayarak yaptırmaya çalışıyorsa tehlike çanları işte o zaman çalmaya başladı demektir. Evet, hiçbir anne çocuğunun ağlamasını istemez. Ama hiçbir anne doyumsuz çocuk yetiştirmek de istemez.

Ağlamayı çocuğun en güçlü silahı haline dönüştüren de biz ebeveynleriz maalesef. Normalde yapmayacağımız şeyleri aman ağlamasın diye yapıveriyoruz. Sonuç olarak her istediğini ağlayarak yaptıran çocuklarımız oluyor. Geçenlerde sosyal medya hesabımda şu örneği paylaşmıştım.

"Bir gün kitapçıda kasada sıradayken önümde iki yaşlarında bir çocuk elinde bir dinozor bir de arabayla bekliyordu. Anne bu iki oyuncağı kasiyere uzatırken bir taraftan da "evde bir sürü dinozor var zaten" diye söyleniyordu. Kasiyer ürünleri okutup "bu dinozor 90 lira alacak mısınız" diye sorunca "siz sadece arabayı koyun torbaya, aldık deriz" dedi. Bilirsiniz bu durumlarda olaylara pek müdahale etmem. Ama bu sefer duramadım ve dedim ki "bence almayacağınızı söyleyin, sonra çok hayal kırıklığı yaşar, kendisini kandırılmış hisseder" Kadının çocuğuna dönüp "dinozoru alamıyoruz" demesiyle çocuğun elindeki dondurmayı yere fırlatıp ağlamaya başlaması bir oldu! "Hıh, bu kadın seni paralayacak, yaşlı teyzeler gibi oldun, niye burnunu sokuyorsun" diye kendi kendime kızarken bir taraftan da "şu saatten sonra sakın o dinozoru alma" diye sesiz çığlıklar attım ama beni duyan olmadı! "Kıyamam ben senin gözyaşlarına, tamam tamam" deyip dinozoru da alıp hızla uzaklaştılar.

Bu olayı düşüne düşüne eşimin yanına giderken çocuk da dondurmacının önünde yeni dondurmasını alıyordu... Peki, ne mi yapsaydı o anne? Madem o dinozoru almak istemiyor, çocuk yere yatıp tepinse de almayacaktı! Geçmiş olsun, artık nur topu gibi bir davranış problemi oldu. Çocuk herhangi bir şey istediğinde ve olmadığında elindekini fırlatıp ağlamaya başlayacak. Şimdi ben "çok sıcak, klima istiyorum" diye gidip dekana ağlasam, o da "kıyamam senin gözyaşlarına" diyerek anında odama klima taktırsa, yarın da gider bu odaya sığamıyorum diye ağlarım mesela!

Hayır, bir de gidip fırlattığı dondurmayı tekrar alıyorsun! İşte doyumsuz çocuklar nasıl yetişiyor? Böyle... Şimdi bir dinozor alıyor olabilirsin, peki ilerde Ferrari isteyince ne olacak? Ya da hoşlandığı kız başkasına âşık olunca? İstediği üniversiteyi kazanamayınca... Düşüp bacağı kanasa evet gözyaşlarına kıyamayız ama doyumsuzluktan ağlıyorsa kıyılmayacak bir durum yok! Tam tersi, ağlıyor diye her istediğini yaparak kıymayın yavrunuza...

Evet, yavrularımıza kıyıyoruz gerçekten. Benzer bir örneği geçen gün yine yaşadım. Anneannesi ve dedesiyle bir AVM'nin oyun alanındaydı çocuk. Benim oğlum da oradaydı. Kenarda bu tatlı anneanne ve dedeyle oturmuş yavrumu izliyorum ben de. Bu oyun alanlarından baloncu eksik olmaz. Döner durur oyun alanının etrafında. Ne yapsın ekmek parası onunki de. Ama işte birçok krize neden oluyor. Yanımdaki çiftin torunu geldi ve dedi ki "balon istiyorum" Anneanne dedi ki "oyun alanından çıkarsan alırım" Çocuk ağlamaya başladı, "istiyorum, balon istiyorum" diye. Anneanne "tamam oyun alanından çık, alayım" diyor. Tatlı yavru oyun alanından çıkmak istemiyor ama balonu da istiyor. Baloncu da yarattığı krizin farkında çocuğun önünden bir ileri bir geri yürüyor ve içten içe çocuğun kazanacağını biliyor. Eminim ki çok balon satmıştır bu yolla. Baloncununki de öğrenilmiş davranış. Çocuk balon diye ağladı mı er ya da geç o balon alınır diye öğrenmiş, kriz alanından uzaklaşmıyor!

Ee aldılar mı balonu? Evet aldılar. Çocuğun gözyaşlarını sile sile balonu aldılar. Sonra çocuk balonu anneannesinin eline verip oyun alanına geri döndü... Ne oldu şimdi sizce? Gelin verilen mesajlara daha ayrıntılı bir şekilde bakalım.

Çocuk: Balon istiyorum! (İstek)
Anneanne: Oyun alanından çıkarsan alırım! (Rüşvet)
Çocuk: Hayır çıkmayacağım. Balon isterim ühüüü ühüüü hatta böhööö!

Anneanne: Oğlum bu kaçıncı balon? (İkna çabası)
Çocuk: Ühüüüü ühüüüü...

Anneanne: Baloncu! Hangisini istiyorsun oğlum? Tamam, ağlama lütfen (alayım da sussun, çok rezil olduk etrafa).

Çocuk: Uçak (Oleeey ben kazandım, biliyordum).

Anneanne: Al bakalım balonu (Ohhh sustu! Çok ağladı, içim gitti).

Çocuk: Anneanne sen balonumu tut, ben oyun alanına gidiyorum (Bir şey isteyip elde edemezsem ağlarım olur biter. Hatta artık istemeyeyim direkt ağlayayım, hiç uzatmayayım).

Çocuklara verdiğimiz mesajları görüyor musunuz? Eğer bir şeyi alacaksak, almaya maddi gücümüz varsa ve almakta herhangi bir sakınca yoksa ben inatlaşmamak taraftarıyım. Ama eğer çocuk psikolojik ya da fiziken sağlığına zararlı bir şey istiyorsa ve kesinlikle almayacaksam, isterse ağlayarak heyelan yaratabilir fark etmez. Ağlamak çocuk için asla bir silaha dönüşmemeli.

"Ah ah yavrunun gözünden düşen bir damla yaşa tahammülüm yok" dediğini duyar gibiyim. Benim de yok! Fakat isteklerini ağlayarak yaptırmaya kalkmasına da tahammülüm yok. Eğer çocuğun ağlamasın diye her dediğini yapıyorsan vah sana vahlar sana... Neden mi? Çünkü doğru iletişim kurmayı öğrenmeye çalıştığı zamanlarda sen ona şöyle bir mesaj veriyorsun: "Ağlar, avazın çıktığı kadar bağırır, olmazsa yere yatıp tepinirsen istediğini elde edersin" "Ay sussun yeter" diye sakın düşünme... Eğer yerine getirilemeyecek bir isteği varsa ağlasa da sızlasa da fark etmesin. Ama dikkat! Sizden elde edemediğini babadan da elde edemesin... Evetlerimiz ve hayırlarımızda eşimizle tutarlı olmak şart...

Velhasıl sevgili ebeveyn, gözyaşlarından korkma! Tutarlı davranışların yavrunun gözyaşlarına kalkan olsun... Azıcık sabırlı ve dirençli ol yeter.

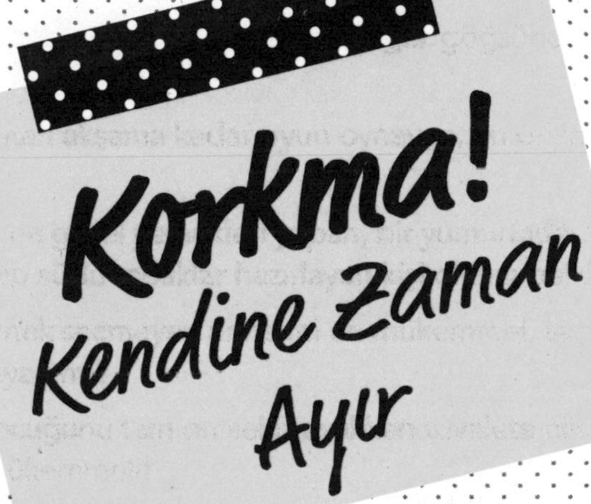
Korkma!
Kendine Zaman
Ayır

Zara'nın annesine ve kayınvalidesine "yeter artık beni rahat bırakın" diye bağırdığı gün kayınvalidesi, "ben istenmediğim yerde durmam" diyerek eşyalarını topladı, kapıyı çekip çıktı. Annesi ise ne derse ne yaparsa yapsın evladına kıyamıyor, onu minicik bir bebekle yalnız, yardımsız bırakmak istemiyordu. Sultan Hanım kızına ara sıra "bak evladım sizi de biz büyüttük. Çok abartıyorsun bazen. Dünyada ilk çocuk doğuran kadın sen değilsin. Kayınvalidene ve bana karşı çok büyük haksızlık ettin" deyip duruyordu. Zara bir gün annesinin ısrarlarına dayanamayıp kayınvalidesini arayıp özür bile diledi. Kayınvalidesi de sanki annesiyle ağız birliği yapmışçasına "biz sizin iyiliğinizi istiyoruz. Kaç tane büyüttük hepsinin de maşallahı var. Torunumuzun kötülüğünü ister miyiz hiç? Sen biraz abartıyorsun, bizi yanlış anlıyorsun" demez mi... Zara dişini sıkarak dinledi, bir tatsızlık daha çıkmasın diye. Hepsi çocuk büyütmüş, hepsininki aslan gibiymiş, hepsi emzirmiş, hatta bir göğsü emzirirken öbüründen sütler taşmış, hepsi iyiliğimizi istiyormuş, muş muş muş!

Zara çoğu zaman bu söylemler karşısında kendisini sorgularken buluyordu. Acaba onun anneliğinde eksik bir şey mi vardı? Onun sütü taşmıyor, evladı susmuyor, evi bir türlü düzenli tertipli olmuyordu! Zaten evlilikleri de artık eskisi gibi değildi. Eskiden hafta sonları eşiyle birlikte mısır patlatır, cipsleri koyar, sezon sezon diziler filmler izlerlerdi. Yemek yoksa pizzacılar ne güne duruyordu? Akşamları arkadaşlarıyla dışarı çıkar, eğlenirlerdi. Kafalarına estiğinde, esinti yönünde istedikleri yere giderlerdi. Oysa şimdi birbirlerine hiç zaman ayıramıyorlardı. Yoksa Koray artık Zara'yı çekici bulmuyor muydu? Zara aynaya baktı. Tepesinde dağınık bir şekilde topladığı saçları, diz yapmış eşofmanı, lekeli bluzuyla pek de çekici olduğu söylenemezdi...

Evden bile çıkmıyordu. Tüm hayatı Koza olmuştu. Aslında öyle ihtiyacı vardı ki yakın bir arkadaşıyla güzel bir kafeye gidip sıcak bir kahve eşliğinde sohbet etmeye. O gün kararını verdi Zara, önce en yakın arkadaşını arayıp plan yaptı. Sonra da annesine Koza'nın öğle uykusu sırasında dışarı çıkıp Güliz ile buluşacağını söyledi. Annesi bu duruma biraz şaşırsa da kızının böyle bir sosyal ortama ne kadar ihtiyacı olduğunun farkındaydı...

....

Hepimiz yaşadık Zara'nın yaşadıklarını. Eminim Zara arkadaşıyla buluştuğu beşinci dakikada Koza'yı özleyecek ve fotoğraflarını göstermeye başlayacaktı. Ama eve enerji depolamış ve yenilenmiş olarak dönecekti. Her türlü ilişkide biraz özlem ilişkiyi canlı tutuyor değil mi?

Geçen gün Prof. Dr. Doğan Cüceloğlu'nun bir yazısını okudum ve çok etkilendim. Diyor ki Doğan Hoca "uçaklarda bile oksijen maskesini önce kendinize, sonra çocuğunuza takın diyor. Kendisi hava alamayan anne, çocuğuna yeterli oksijeni sağlayamaz"

İşte anne de önce kendine zaman ayırmalı. Anne kendisine zaman ayıracak, kendisinin önemli olduğunu hiç unutmayacak, keyif aldığı aktiviteleri sonsuza kadar dolabın üstüne kaldırmayacak ki çocuğu da onunla nefeslerin en güzelini alabilsin.

Tüm gün çocuğunun peşinde koşuyorsun, peşinde değilsen bile onun ihtiyaçlarını karşılamanın (yemek, çamaşır, ütü, vb.) derdindesin değil mi? Şöyle sıcak sıcak içilecek çaya kahveye hasretsin. Kanepeye ayaklarını uzatıp oturmayalı ne kadar oldu? Biricik yavrunun uyumasını bekliyorsun isteklerini yapabilmek için. O uyuyunca ise ne yapacağını şaşırıyorsun? Acaba kahve mi içmeli, yemek mi yapmalı? Yo yo şöyle rahatlatıcı bir müzik eşliğinde biraz dergi karıştırıp abur cubur yemeli... Yo yo yo yo ütüler ne olacak, bu çocuk uyanınca ne yiyecek, etraf oyuncaktan görünmüyor, kim toplayacak? Hepsini uyku saatine sıkıştırmak çok zor! Şu reklamlardaki yeşil adam gelip etrafı temizlese, uşak Alfonso hizmet etse... Hatta ve hatta Sementa gibi burnumuzu oynatsak hop çocuğumuz tuvalet alışkanlığını kazansa, kendi kendine uykuya geçse ya da hop çok iştahlı bir çocuğa dönüşse... Hayaller güzel... Bunlar hayal olsa da çocuğunla daha güzel ve keyifli vakit geçirebilmek için biraz kendine zaman ayırman lazım. Evet, çocuklarımızı çok seviyoruz, uyusun diye gözlerinin içine bakıp onlar uyuyunca da fotoğraflarına bakıyoruz. Fakat biraz da onlar olmadan dışarı çıkmak, mümkünse eşimizle bir yemeğe, sinemaya gitmek, arkadaşlarla buluşmak gerek. Hatta ve hatta bazen çocuğumuzla babasını yalnız bırakıp dostlarımızla kaçamak yapmak lazım. Anneliğin mesaisi yok ama arada yapılan bu küçük kaçamaklar sayesinde çocuğuna karşı daha sabırlı olduğunu göreceksin sevgili anne. Çocuğunla daha keyifli zaman geçirebilmen için "korkma, kendine zaman ayır" diyorum...

Korkma!
Uyur

En zoru uykusuzluktu. Beş saat kesintisiz uyusa yetecekti sanki. Gece iki-üç saatte bir kalkıyor, tam uyudum derken yeniden uyanıyordu. Gündüz ise Koza kucağında emerken uyuyakalıyor, kucağından beşiğe koyunca hop uyanıveriyordu. "Çocuğun yatağında onu rahatsız eden bir şey mi var acaba" diye nevresimlerini bile değiştirdi. Ama olmuyor olmuyordu! Koza'yı beşiğine koyuyor ve tam parmak uçlarında odadan çıkarken yakalanıveriyordu.

Uykuya hasret kalmıştı. Hiç bu kadar zorlanacağını düşünmemişti. Uyuyamadıkça sinirleri bozuluyor, kendini kötü hissediyordu. Acaba ne zaman kesintisiz uykuya geçiyordu bebekler? Zara, bir gün Koza yine kucağında uyuyakalmışken elindeki telefondan annelerin aktif olarak kullandığı forumları okumaya başladı. "Meğer ne kadar çok kişi uyku konusunda muzdaripmiş" diye düşündü. Bu forumları okumayı seviyordu. Kendiyle aynı sorunları yaşayan ve benzer hisleri paylaşan kişilerin varlığı Zara'yı rahatlatıyordu. "Bak yalnız değilsin, senin gibi kaç tanesi benzer sorunlarla baş ediyor" diye düşünüyordu.

Zara okurken "uyku eğitimi" diye bir başlık gözüne çarptı. Uykunun eğitimi olacağını hiç düşünmemişti. Kendisinin hiç eğitime ihtiyacı olmadığı kesindi. Bıraksan üç gün uyuyacak gibi hissediyordu. "Acaba Koza'ya eğitim vermem mi gerekiyor" diye düşündü. Peki nasıl olacaktı bu iş?

Ah şu elinde tuttuğu telefon olmasa bunları nasıl öğrenecekti? Koza'yı kucağından indiremediği için bebeğinin uyku saatlerini, telefonda sosyal medya, bloglar, forumlar arasında gezinerek geçiyordu. Doğru bilgilere ulaşıp ulaşmadığını bilmiyordu ama deneyimleri okumak hoşuna gidiyordu. Deneyimler ona "bak biz de eşekten düştük" diyordu. Bazen de akademik makaleleri okuyordu ama makaleler ona soğuk geliyordu biraz. Bebeklerin %80'i böyle uyumuş da %20'si şöyle uyumuş ifadeleri onu tatmin etmiyordu. Uyumuş da nasıl uyumuş, o anne neler hissetmiş, zoru nasıl başarmış, bunları okumayı istiyordu Zara. Bilimsel bilgi elbette ki çok değerliydi fakat bu bilimsel makaleleri okuyup anlamak, bir sürü rakamı yorumlamaya çalışmak zor geliyordu. Zaten bazılarını hiç anlamıyordu. Aklına çok takılan bir soru olursa hastanede tanıştığı o çok tatlı çocuk gelişim uzmanına başvurabileceğini biliyordu. Bu düşünceler içindeyken Koza uyandı ve kaldığı yerden emmeye devam etti. Saç dipleri nasıl terlemişti. Kızına sevgiyle baktı Zara. Saçlarını elleriyle okşadı. Alnına düşen saçlarını geriye doğru itti. Eğilip o güzel saçlarının kokusunu içine çeke çeke öptü. Uyusun diye beklerken uyuyunca özlemek ne garipti... Garip ama ne güzel bir duyguydu şu annelik...

....

Her anne adayı hamilelik döneminde kendisini uykusuz gecelerin beklediğini bilir. Hatta çevresindeki herkes "bunlar iyi günlerin, uyu uyuyabildiğin kadar" der. Ne kadar uykusuz kalınacağı bilinse de bununla yüzleşmek gerçekten zordur. Lohusa olmanın verdiği haletiruhiyeye bir de uykusuzluk eklenince, bazı durumları hoş görmek ve katlanmak zorlaşır.

Her anne sabaha kadar uyuyabilmenin, sabaha kadar olmasa bile kesintisiz dört-beş saat uyuyabilmenin hayalini kurar ve bu hayale ulaşabilmek için çeşitli yollara başvurarak çocuğuna uyku eğitimi vermeye çalışır. Oysaki bu da tuvalet eğitimi gibi bir süreçtir. Uyku alışkanlığını kazanma sürecinde annelerin başvurduğu yollara gelin hep birlikte bakalım.

Ağlata ağlata uykuya alıştırılmaz!

Son dönemlerde annelerin sıkça başvurduğu yöntemlerden birisi bebeği yatağına bırakıp "kontrollü bir şekilde" ağlatarak uyku eğitimi verilmesi yönünde. Bu yaklaşıma göre anne, çocuk ağlarken yanına gitse bile kucağına almayacak! Tabii ki bahsedilen bu yöntemin ayrıntıları var, o kadar basit değil. Fakat bu kitapta yöntemin ayrıntılarına değinmeyeceğim. Çünkü bebeklerin ağlaya ağlaya kazanacakları durumun "uyku alışkanlığı" değil, "öğrenilmiş çaresizlik" olduğunu düşünüyorum.

Çocukların temel güven duygusunu bebeklik döneminde kazandıklarını, bağlanmanın sağlıklı olarak gerçekleşmesi için ihtiyaçların zamanında, tam ve sevgi dolu bir ortamda karşılanması gerektiğini artık hepimiz biliyoruz. Peki, çocuğunuz ağlıyor, size ihtiyacı var. Ancak siz yanına gitmiyorsunuz. Neden? Uyku alışkanlığı kazanacak diye! Oysaki size, sıcaklığınıza, sesinize ihtiyacı var... Hani ihtiyaçları zamanında ve tam olarak karşılamak önemliydi? "Çocuğum ağlaya ağlaya uykuya dalsın ama temel güven duygusu da gelişsin" Böyle bir şey mümkün mü sizce?

Bebeklerin kendi kendine sakinleşip rahatlayıp uykuya daldığını düşünüyorlar ama unuttukları bir şey var ki o daha minicik bir bebek! Henüz kendi kendini sakinleştirecek gelişimsel düzeyde değil. "Duygusal öz düzenleme" olarak bilinen kavram, bir kişinin kendi duygularını düzenleyebilmesi, yani öfkeliyken sakinleşebilmesi, üzgünken kendisini yatıştırabilmesi anlamına gelir. Fakat bebekler öz düzenleme yapabilecek olgunlukta değildir. Ancak dört yaşından sonra yavaş yavaş bu beceri gelişmeye başlar.

"Böyle söylüyorsunuz ama biz uyku eğitimini verdik, biraz ağladı ama artık ağlayıp bizi çağırmıyor. Kendi kendine uyuyor" diyenler olabilir. Burada **bebeğimizin öğrendiği uyku değil, ağlasa da sizin gelmeyeceğiniz gerçeğidir!** Oysaki çocuğun ilerde kendi kendini sakinleştirme becerisi kazanmasının temeli, bebeklik döneminde ihtiyaçları karşılanarak atılır.

Bu konuyla ilgili olarak, 2012 yılında Amerika'da uyku eğitimi verilen dört-on aylık bebeklerin, uyku eğitimi sonrasında sakinleşip sakinleşmediğini incelemişler. Bebeğin kontrollü ağladığı sırada hem annelerin hem de bebeğin kortizol (stres) seviyesini ölçmüşler. Üç gün sonunda bebekler ağlamayı bırakmış. Bebekleri ağlamayan annelerin stres seviyelerinde düşüş olduğunu görmüşler. Bebeklere bakıldığında ise ağlamıyorlarmış ama kortizol (stres) seviyeleri en az ağladıkları zamanki kadar yüksekmiş. Sonuç çok net. Aslında çocuk sakinleşmemiş, sadece annesine stresli olduğunu ağlayarak söylemekten vazgeçmiş. Annesinden umudunu kesmiş. Anneler ise artık ağlamıyor, kendi kendine uykuya geçecek diye rahatlamış. Gökten üç elma falan da düşmemiş!

Aynı yatakta/odada yatma

Bu konuda aklınızın biraz karışmış olabileceğini düşünüyorum. Oldukça ayrıntılı bir araştırma yaptım, piyasadaki bütün kitapları okudum, araştırmalara ulaştım, forumları, blogları, internet sitelerini hepsini günlerce taradım. Hatta bazı durumlarda beni şaşırtan sonuçlar elde ettim.

Medyada, internette, çocukla beraber yatmanın özgüven problemi yaratabileceğini belirten haberler sanırım birazcık aklımızı karıştırıyor. Fakat okuduğum bilimsel makalelerde tam tersi sonuçlarla karşılaştım.

Okabi ve ekibi tarafından çocuklar üzerinde, annenin hamileliğinin 3. trimester'ından başlayarak on sekiz yaşına gelene kadar yürütülmüş bir çalışmaya rastladım. Tam on sekiz yıl süren bir çalışma! Bu çalışma anne-babayla yatmanın çocuklarda psikolojik sorunlara yol açmadığını, herhangi bir uyku problemi yaşamadıklarını ortaya koymuş. Bu çalışmalarda anne-babalarıyla birlikte yatan çocuklar ve yatmayanlar arasında bilişsel ve davranışsal bir farklılık olmadığı ortaya çıkmış.

Hatta 2012 yılında Danimarka'da altı yüz çocukla çalışma yapılmış ve sonuçlar, anne-babasıyla aynı yatakta hiç yatmamış çocukların, anne-babasıyla aynı yatakta yatan çocuklara göre obezite riskinin üç kat daha fazla olduğunu ortaya koymuş.

Tabii bunlar bilimsel çalışmalar. Bu demek değil ki anne-babasıyla yatmayan herkes obez olacak! Ya da anne-babasıyla yatanların hiçbiri kilo problemi yaşamayacak. Bilimsel bilgi her an değişebilir. Ayrıca %100 doğru bilgi yoktur. Bunun tam tersini savunan bir araştırma iki gün sonra karşımıza çıkabilir. Fakat tam tersi ispatlanana kadar bizim için doğru budur.

Evet, ne diyorduk? Beraber uyuma konusuna döndüğümüzde, Kaliforniya Üniversitesinde Keller ve Goldberg'ün 2004 yılında yaptığı araştırma ise anne-baba ile bebeğin doğumdan itibaren rutin beraber uyuma alışkanlıklarının, çocukların problem çözme ve başkaları ile olumlu ilişkiler kurma becerilerini etkilediğini gösteriyor. Benzer şekilde Lewis ve Janda, 1988 yılında yaptıkları çalışmada, bir-beş yaş aralığında ebeveynleriyle uyuyan erkek çocuklarda yüksek kendine güven, daha az suçluluk duygusu olduğunu, kız çocukların ise daha yüksek özsaygıya sahip olduğunu ortaya koymuş.

Ayrıca yaptığım araştırmalarda gördüm ki Çin'de çocukların %60'ı altı yaşına kadar anne-babalarıyla aynı odada ya da aynı yatakta yatıyor. Bu araştırmalar bize bebeği ayrı bir odaya koyarak ona bağımsızlığı öğretemeyeceğimizi vurguluyor.

"Eyvaahhh, çocuğumu yalnız uyutuyorum, şimdi özgüveni düşük mü olacak" diye hemen kaygılanmayın. Bazı araştırmalar da çocukların ebeveynlerinden ayrı yataklarda ve odalarda yatması gerektiğini vurguluyor.

Hiç unutmayalım, çocuk gelişimi öyle pamuk ipliğine bağlı değil. Yaptığınız tek bir şeyle zedelenmez. Ayrıca çocuğunuz ağlamadan, güven ortamı içerisinde, ayrı bir yatakta uyumaya alışmış olabilir. Burada dikkat edilmesi gereken, ailenizin ve bebeğinizin ihtiyaçlarıdır.

Nasıl uyutalım?

Geldik kritik soruya. Ee peki nasıl uyutacağız?

Bebeklik döneminde bağlanma konusunda da anlattığım gibi, zaten kendisini annesinden ayrı bir birey gibi görmüyor. Annesi kendinin bir uzantısı ona göre! Bu nedenle dediğim gibi ne zaman kucak istese almak gerekiyor. Çünkü ileride bağımsız olmak için önce bağımlı olmaya ihtiyaçları var. Bebeğimizin bize bağımlı olmasından korkmamalıyız. Onların bu ihtiyaçlarına izin vermenin ileride bağımsız bir birey olmasını destekleyeceğini hiç aklımızdan çıkarmamalıyız.

Uykusu gelmiş ama uykuya direnen bir çocuk gerçekten çok zordur. Ağlar, gözleri kırmızı kırmızı olur, esner, gözlerini ovuşturur, daha şiddetli ağlamaya başlar ama tatlı yavrumuz bir türlü uyuyamaz. İşte bu sorunları en aza indirmek için bir uyku rutini belirlemekte fayda vardır.

Her gün aynı saatte kısa bir banyo, ardından bir masaj, dinlendirici bir müzik eşliğinde geceliklerini giyme, ardından beslenme, ninni ve uyku gibi bir rutin belirleyebilirsiniz. Tabii bebekler bu rutine hemen iki günde alışmayacaklardır. Alışkanlık haline gelebilmesi için en az üç hafta geçmesi gereklidir. Ayrıca bebeğimiz büyüdükçe bu rutinde değişiklikler olabilir. Örneğin ninninin yerini kitap okuma alabilir, her gün banyo ya da masaj yerine diş fırçalama rutini eklenebilir.

Uyku öncesi rutini aslında ebeveynlerin çocuklarıyla nitelikli zaman geçirmeleri için bir fırsattır. Birlikte güzel bir müzik dinlemek, bir hikâye okumak, masal anlatmak hem çocuğa hem de ebeveynlere iyi gelecektir. Tabii aynı hikâyeyi on kere okuyup çocuk hâlâ uyumuyorsa ebeveynler gerilebilir. Bu noktada güç olsa da sakinliği koruyabilmek önemlidir. Neden çocuğumuzun uykuya geçmediğini, bunun altında yatan nedeni bulmak gereklidir.

— Acaba yatmadan önce çok fazla ekrana mı maruz kalıyor? (Yatmadan en az iki saat önce televizyon, tablet, telefondan uzaklaştırılması gerekiyor.)

— Acaba ebeveynine doyamadı mı? Gün içerisinde ebeveyniyle vakit geçiremeyen çocuklar akşam daha fazla vakit geçirebilmek için uykuya direnebilirler. Haksız da sayılmazlar.

— Acaba gün içerisinde enerjisini yeterince atacak aktivitelerde bulunmadı mı? Temiz hava almadı mı?

— Acaba akşam fazla enerji veren yiyecekler mi tüketti?

— Acaba gün içerisinde onu strese sokan herhangi bir durum mu oldu?

— Acaba çocuğun uyuduğu oda çok sıcak ya da havasız mı?

Tüm bu "acaba"ların cevapları bizi sonuca götürecektir.

Aynı şekilde gündüz uykusu için de bir rutinin oluşturulması, çocuğun yine uykuya geçişini kolaylaştıracaktır. Bu rutin de yemeğini yeme, biraz oynama, ardından odaya geçme, bir kitap okuma, ninni söyleme gibi çocuğun ilgi ve ihtiyaçlarına göre şekillenebilir. Gündüz uykularında perdeler çekilmeli fakat oda tamamen karartılmamalıdır.

Adı üstünde bu bir rutin olduğu için hafta sonu, yaz tatili dinlemez. Yani bir rutin oluşturduysanız bunu sürekli aynı şekilde uygulamanız gerekir. "Aman hafta sonu da geç yatıp geç kalkıversin canım" gibi bir uygulama, çocukların uyku alışkanlıklarına ve uyku rutini oluşturmalarına zarar verecektir. Ebeveyn tutumlarında olduğu gibi, uyku rutininde de önemli olan tutarlılıktır.

Mizaç özellikleri de uykuda önemli bir role sahiptir. Bazı annelerin çocukları her an her ortamda uyuyabilirken bazı annelerin çocukları kendi yatağı dışında bir yerde uyumayı reddederler.

Sonuç olarak; bebeğinizle birlikte uyuyup uyumama kararını verecek olan sizlersiniz. Aile yapınız ve hem kendinizin hem de bebeğinizin ihtiyaçları bu durumu şekillendirecek. "Aman birlikte yattık, yok ayrı yattık, özgüveni nasıl olacak" kaygılarını bir kenara bırakın ve içinizdeki doğal anneye kulak verin. Çocuğunuzu dinleyin. Amacımız çocuğumuzla birlikte hareket etmek, onun ritmine uymak, hatta birlikte yeni bir ritim oluşturmak...

Eğer birlikte yatacaksanız güvenlik önlemlerinizi almayı unutmayın. Birlikte yatmaya alıştıysanız ve artık odaları ayırmanın vaktinin geldiğini düşünüyorsanız, çocuğunuzu gözlemleyin. Onun hazır olmasını bekleyin. Bu süreçte odasına birlikte yatak almak, dekorasyonda değişiklikler yapmak faydalı olabilir. Odasında onunla birlikte eğlenceli vakitler geçirin. Birlikte onun yatağına yatıp kitap okuyun. Asla ve asla ona "odana git ve düşün" diyerek odasını bir araç olarak kullanıp cezalandırmayın. "Kocaman çocuk oldun, haydi artık kendi yatağına" diye onu baskılamayın. Yavaş yavaş ve aşamalı olarak onu yeni duruma hazırlayın. Korkmayın, hatta emin olun; gün gelecek yanınıza hiiç ama hiç yatmayacak!

Korkma!
Alışır

Günler hızla akıp geçmiş Zara'nın doğum izni, senelik izinleri, idari izinleri, üst üste aldığı raporlar hepsi bitmişti. İşe dönme zamanı yaklaştıkça içini derin bir sızı kaplıyordu. İmkânı olsa ücretsiz izin alırdı ama yoktu maalesef... Öyle üzülüyordu ki yavrusunu bırakacağı için. Hoş aslında şanslıydı anneannesi bakacaktı Koza'ya. Üstelik artık yedi aylık olmuştu. Ek besinlere de başlamıştı. Sadece emiyor olsa daha zor olabilirdi ayrılmak. Bu düşüncelerle içini rahatlatmaya çalıştı Zara ama annesi de baksa, Koza ek besinlere başlamış da olsa, yavrusunu bırakıp işe gideceği gün gözünde büyüdükçe büyüyor, içindeki hüzün günbegün artıyordu.

İşe başladığı ilk gün onu öptü, kokladı, sarıldı ve hani kelimelerle anlatılamayan duygular vardır ya, işte öyle bir duygu yoğunluğuyla çıktı kapıdan. İlk günlerde eli kolu bomboş işe giderken pusetinde anneleriyle olan bebeklere gözü takılıyordu hep. Hamileyken de hep hamileleri görürsünüz ya! Algılarımız işte... Zamanla alıştılar. Aslında Koza Zara'dan daha çabuk alıştı. Hatta Zara'nın çalışması iyi bile geldi ilişkilerine. Artık birlikte daha fazla nitelikli zaman geçiriyorlardı. Zara birlikte oldukları her anın kıymetini daha çok anlıyordu sanki... Peki, işe başlama sürecini nasıl yapılandırdı Zara? Haydi, hep birlikte okuyalım.

Önemli olan ayrılık sürecini aşamalandırmak diyordu okuduğu bütün kaynaklarda. Ayrılık sürecine yumuşak bir geçiş yapabilmek için bu önemliydi.

Zara ve Koza daha önce hiç ayrılmadıkları için bir ay önceden alıştırmalara başladılar. Çok değil on beş dakika. Zara yan odaya geçiyordu. İşe başladıktan sonra Koza'ya annesi bakacağı için o süreçte yanında anneannesi oluyordu. Bir hafta içinde on beş dakika, yirmi dakika, otuz dakika, kırk dakika ve bir saate çıkardılar süreyi. Fakat bu dönemde Zara hiçbir koşulda odadan çıkmadı. Çünkü hem annesinin Koza'yla tek başına kalmaya hem de Koza'nın annesiz olmaya alışması gerekiyordu. Özellikle Koza'nın emmeden durabilmesi gerekiyordu.

İkinci hafta ise yeni bir aşamaya geçtiler. Koza'ya sabah kahvaltısını yaptırdıktan ve emzirdikten sonra Zara odaya gitti. Giyinip süslenip "kızım ben işe gidiyorum geleceğim" dedikten sonra 09.30-11.30 arasında yine yan odaya geçti ve bekledi. Bazen, ağlamasını duyduğunda odadan çıkmamak için kendisini zor tutuyordu ama alışması gerekiyordu. Hafta boyunca bu saat aralığını 09.30'dan 12.30'a kadar uzattılar.

Üçüncü hafta ise sabah kahvaltıdan sonra yine "işe gidiyorum" dedi ama bu sefer yan odaya geçmedi. Kapıyı açtı ve dışarı çıktı. Ne kadar zor olsa da bu bir provaydı. Bunu başaramazsa gerçeğine hiç alışamayacaktı. Öğlen 12.30'da döndü. Her şey yolundaydı. Yavrusunu öptü, kokladı, uzun uzun emzirdi.

Üçüncü haftanın ikinci yarısında, öğle yemeğinden sonra tekrar çıkıyorum dedi ve yan odaya geçti. 15.30'da kızının yanına geri döndü. İyi ki süt izini vardı. En azından işten biraz erken çıkıp yavrusuna nispeten daha erken kavuşabilecekti.

Dördüncü hafta ise kahvaltıdan önce çıktı, öğlen eve döndü ve emzirip yemek yedikten sonra yine çıktı. 15.30'da geri döndü.

Bu bir aylık aşamalı ayrılık sürecinde Koza birçok şeye alıştı. Özellikle emerek uyumaya alışmış olan minik yavru ninni ve pış pış ile uyumaya alışmıştı. Tabii bir de emmeden anneyi beklemeye...

....

Çocuğunuzun yaşı kaç olursa olsun, kim, nerede bakacak olursa olsun, mutlaka geçiş sürecinin yumuşak olması, aşamalandırılması gerekir. Tıpkı Zara'nın yaptığı gibi. Böylelikle hem anne hem de bebeği sürece daha kolay alışır. Anne çocuğunun evde ne yaptığını anbean bilir. Bebek de günlük rutinlerinin doğal akışından çıkarımda bulunarak annesinin geleceği ve gideceği saatleri anlayabilir. Böylece kendisini güvende hisseder.

Burada işe başlayacak annelere madde madde birkaç ipucu vermek istiyorum. Kendi deneyimlerimden de biliyorum ki insan ne yapması gerektiğini söyleyecek bir kaynağa gerçekten ihtiyaç duyuyor... O halde maddeler gelsin;

- Asla çocuğunuzdan kaçarak evden çıkmayın. Çünkü yok olduğunuzu tekrar dönmeyeceğinizi düşünebilir.
- Her gün evden çıkarken aynı cümleyi söyleyin (Ben, "oğlum işe gidiyorum, öğlen geleceğim, seni çok seviyorum" derdim, hâlâ da diyorum).
- İşe başlamadan önce, çocuğunuza kimin, nerede bakacağının organizasyonunu yaptıktan sonra, mutlaka bir müddet beraber bakın ki hem bakacak kişi hem de bebeğiniz birbirlerine alışsın.
- Mümkünse çocuğa ilk bir yıl bakım veren kişi değişmesin. Siz işe gittiğinizde hep aynı kişiyle kalsın.
- İşten döndüğünüzde mutlaka çocuğunuzla sevgi dolu zamanlar geçirin. Onu ne kadar özlediğinizi, sevdiğinizi söyleyin.
- Kreşe de başlasa evde de bakılsa mutlaka alışma sürecini aşamalandırmaya çalışın.

Bu süreç gerçekten bir anne için çok zor biliyorum. Ama yavrun ağlasa da sakın evden kaçarak çıkma! Kaçarsan ayrılık kaygısını artırırsın inan. Alışacak, hem de senden daha kolay alışacak göreceksin. Korkma, sabret sevgili anne, zamanla her şey yoluna girecek inan... Korkma! Alışacak.

Korkma!
O Bir Kâşif

Zara Koza'nın yürüyeceği günü iple çekiyordu. Ama o gün bir türlü gelmiyordu! Neden yürümüyordu bu çocuk? Etrafındaki hikâyelerin ucu bucağı yoktu. Herkesin çocuğu tam on iki aylıkken yürümüştü. Arkadaşlarından "hiç unutmam birinci yaş günüydü ilk adımlarını attı" cümlesini kaç kere duyduğunu hatırlamıyordu bile. Koza on iki aylık oldu yürümedi, on üç aylık oldu yürümedi, on dört aylık oldu yürümedi de yürümedi. Sanki yürüyecekti ama cesareti yoktu. Zara en sonunda dayanamadı ve Koza'yı herkesten gizli bir çocuk gelişimi uzmanına götürdü. Aslında herkesten gizlemesini gerektirecek bir durum yoktu. Ama yine de "şimdi lafların sözlerin arkası kesilmeyecek ve onlarla baş etmek zorunda kalacağım" düşüncesiyle kimseye söylemedi. O gün eşini işine uğurladı, annesi ise kendi evine gitti. Zara telefonu eline aldı, bir taksi çağırdı. Koza'nın çantasını sırtına taktı, yavrusunu kucakladı ve hastanenin yolunu tuttu.

Zara çocuk gelişim uzmanının yanından büyük bir rahatlamayla çıktı. Çocuk gelişimci Koza'nın gelişimini değerlendirmiş, Zara'nın aklına takılan tüm soruları sabırla ve güler yüzle yanıtlamıştı. Keşke daha önce gelseydim diye düşündü. Yürüme konusu mu? Zara bugün çocuk gelişim uzmanından çok ilginç bir şey öğrenmişti. Meğer Türk çocuklarının yürüme ortalaması on beş aymış! On ikinci ayına geldi ve hâlâ desteksiz oturamıyorsa ya da on sekizinci ayına geldi hâlâ bağımsız yürüyemiyorsa, kas kontrolü yoksa şüphe etmek gerekiyormuş.

"Ah" dedi Zara! "Keşke bunları çocuğum doğmadan önce bilseydim. Anneliğin okulu yok ki" diye geçirdi içinden.

Koza tam da çocuk gelişim uzmanının söylediklerini doğru çıkarmak istercesine tam on beşinci aya girdiği gün ilk bağımsız adımlarını attı. Öyle büyük bir heyecan ve coşku yaşandı ki evde! Pıtı pıtı yürüyor sonra pat diye yere düşüveriyordu. Ama yılmıyor kalkıyor ve tekrar pıtı pıtı pıtı gezintisine devam ediyordu. Zara içinden "inşallah yetişkin olduğunda da her düşüşünde böyle hızla kalkarsın, asla pes etmezsin yavrum" diye geçirdi.

Tabii yeni yürüyen çocuğun annesi olmak kolay değildi. Tüm gün Zara'nın canı çıkıyordu Koza'nın peşinde. Koza ise günden güne hızlanıyordu. Yürümeyecek diye endişelendiği çocuğu yürüdükten bir hafta sonra koşmaya başlamıştı.

Bir de sürekli her yeri kurcalamaya başlamıştı. Gidip çorap çekmecelerin içini boşaltıyor, lavabonun altındaki leğenleri dışarılara saçıyor, koltuklara tırmanıyor, oyuncaklarını vazoların içine koyuyordu. Hatta bir gün kayınvalidesi ziyarete geldiğinde eşinin iç çamaşırını salon sehpasının üstünde görünce başından aşağıya kaynar sular dökülmüştü. Kayınvalidesinden ne kadar utanmıştı. O günü hiç unutmayacaktı!

Koza artık hiç oyuncaklarıyla da oynamıyordu. Acaba tüm bu hareketlilik, bu dağınıklık, iki dakika yerinde duramama normal miydi?

....

Zara'nın kaygılarını birçok annede gözlemliyorum. Önce "yürümedi" diye, sonra "neden oturmuyor" diye kaygılar yaşıyorlar. Sevgili okurum düşün ki bir yıl boyunca yattın, hep kalkmak istedin ama bir türlü olmadı... Bir şeylere ulaşmak için hep yardıma ihtiyacın oldu. Hep başkalarına bağımlı oldun (Allah korusun dediğini duyar gibiyim). Sonra günlerden bir gün yürümeye, hatta koşmaya başladın! Söyle bana tekrar oturur musun? Hep yürümek istemez misin? Nereye kadar yürüyebileceğini, ne zaman yorulacağını, bir adımını ne kadar büyük atabileceğini merak etmez misin? Hele ki daha önce hiç görmediğin bir ülkede yürümeye başladıysan, her köşesini keşfetmek istemez misin? Öyleyse yeni yürümeye başlayan çocuklarımızı neden oturtmaya çalışıyoruz? Neden "ayyy yürümeye başlayınca zor oldu, eskiden daha iyiydi" diyoruz? Bırakalım yürüsün, bırakalım keşfetsin. Bu minicik poğaça ayakların hem dünyayı hem de kendisini keşfetme süreci.

Peki, söyle bakalım sen yeni yürümeye başlamış pıtı pıtı ayakların annesi misin yoksa koşmaya, tırmanmaya başlamış paldır küldürlerin mi?

O zaman önce yeni yürümeye başlamış pıtı pıtı ayakların yani on iki-otuz altı ay aralığında bebeği olan ebeveynlere seslenelim. Hiç oturup oyuncaklarıyla oynamıyor değil mi? Oysaki ne kadar çok ve çeşitli oyuncağı var dönüp bakmıyor bile, "baksa da beş dakika" dediğini duyar gibiyim. Sevgili anne korkma, bu çok normal. Gene kendini sorgulama, çocuğunu doyumsuz yapmadın. Sadece o yürümeyi, koşmayı, tırmanmayı keşfetti o kadar. Odak noktası motor hareketlere kaydı.

"Hımm nereyi karıştırsam acaba, çekmecenin içindeki çorapları mı döksem yoksa bulaşık makinesinin düğmesiyle mi oynasam, yo yo en iyisi gideyim klozetin kapağını açıp elimi içine sokayım, sonra da gitmişken çamaşır makinesiyle oynar, yan dolaptaki deterjanları dökerim" Sence çocuğun bunları yaparken planlı programlı mı hareket ediyor? Tabii ki hayır! Çocuğun senin sinirini bozmak için planlı hareket edebilecek zihinsel gelişim düzeyine henüz ulaşmadı! Öğreneceği o kadar çok şey var ki. Aylarca oturdu seni izledi. Çekmeceleri açışını, çamaşırları toplayışını, yemek yapışını, toz alışını, yüzüne allık sürüşünü... Şimdi ise harekete geçme zamanı. Her şeyi ama her şeyi merak ediyor. Öğrenmek istiyor. O çekmecenin nasıl açıldığını, içinde ne olduğunu, içindeki yere düşünce çıkardığı sesi. Bir taraftan da kendini keşfediyor... Yürürken yerden topunu alabilir mi, koşarak mutfağa gidip birden durabilir mi, elleriyle neler yapabilir, bardağı tutabilir mi, kaşığı ağzına götürebilir mi, prize parmağını sokabilir mi? Yepyeni bir dünyaya adım atmış bir kâşif var evinde. Bu minik kâşife kızma, bağırma o sadece öğrenme ve deneyimleme tutkusuyla hareket ediyor masumca...

Gelelim paldır küldürlere, yani otuz altı-altmış ay arasındaki çocuklarımıza. Artık bu dönemde çocuklarımız motor olarak oldukça gelişmiş becerilere sahip. Yürümeyi, koşmayı, tırmanmayı, zıplamayı, sıçramayı ve daha birçok beceriyi yapabilecek durumda.

İki-dört yaş arasındaki dönem literatürde "bağımsızlığa karşı kuşku" olarak geçiyor. Yani bu dönemde çocuğumuz birçok davranışı bağımsız ve yetişkin desteği olmadan yapmak ister. Bunun sonucunda da çocukta inat davranışı gözlemlenebilir. İki-üç yaş çocuğu olan annelerin en büyük yakınmalarından birisi de "bu çocuk kime çekti anlamıyorum, öyle bir inadı var ki" olur. Oysaki bu normal gelişimsel sürecin bir parçasıdır. Çocuk özerk hareket edebilmek için inat eder. Kendi kendine yapmaya, başarmaya çalışır.

Örneğin bu dönemde çocuk sehpanın üstüne çıkmak istiyor diyelim. Anne buna engel oldu. Çocuk tekrar çıkmak ister. Anne tekrar engel olursa, anneyle bir çatışma yaşamaları büyük bir olasılıktır ve işte bu durumda çocukta "ben yanlış bir hareket mi yapıyorum acaba" diye bir utanç ve "tırmanamıyorum herhalde" diye bir kuşku oluşur. İşte bu nedenle Sevgili Erikson bu döneme "özerkliğe karşı kuşku ve utanç" demiş olmalı.

Tam tersi bir tutumla çocuk sehpaya çıkmak isterken annesinin hop onu sehpanın üzerine koyuvermesi de uygun bir davranış değildir. Adı üzerinde çocuk bağımsız hareket etmek istiyor. İşte bu durumda aşırı koruyucu ebeveyn tutumu da çocukta kendi bağımsız hareketlerine karşı kuşku ve utanç oluşmasına neden olabiliyor.

Tabii bu dönemdeki çocukların bağımsızlık istekleri her zaman karşılanabilir nitelikte olmuyor. Diyelim ki trafiğe açık bir alanda elinizi tutmadan koşmak istiyor. "Ay çocuğum özerkliğe karşı kuşku döneminde, koşuversin" diyemeyiz tabii ki. Böyle bir durumda ister kabul etsin ister etmesin gerekli açıklamayı yapıp kontrolü elinizde tutmakta fayda var. Sonunda gözyaşı olsa bile... Ne yapalım çocuğu trafiğe açık bir alanda başıboş mu bırakalım?

Burada şöyle önemli bir nokta var; hayırlarımız çok kıymetli olmalı. Sehpaya çıkmaya hayır, koltuğa tırmanmaya hayır, parkta bahçede koşmaya hayır, ee peki neye evet? Hayırlarımız çocuğumuzun sağlığını gerçekten tehdit ettiği noktada devreye girmeli. Mesela tontik parmağını prize sokmaya çalışıyor, ellerini klozetin içinde yıkayıp saçlarına sürüyor, "oh ne de güzel girişimci hareketler bunlar" diyemeyiz tabii ki, hepsine hayır. Ama masum isteklere, güvenli ortamlarda tırmanmak, koşmak gibi davranışlara hayır demeyelim. Bir şeye hayır derken iki kere düşünün bence, "zararı var mı", "yaparsa ne kaybederim" sorularını yanıtladıktan sonra evet mi hayır mı karar verin. Ama hayırların her zaman hayır olması gerektiğinin de unutulmaması lazım. Bugün hayır olan şey yarın evet olacaksa, baştan evet demekte fayda var. Aksi takdirde çocuk da siz de birtakım tutarsız davranışlar içerisinde kendinizi ne yapacağınızı bilmez halde bulabilirsiniz. Örneğin bugün salonda topla oynamasına izin vermiyorsun, yarın izin verecek misin? İyi düşünüp en doğru kararı vermek lazım.

Dört-yedi yaş arası ise çocuğumuzun sürekli sorular sorduğu bir dönemdir. Bitmek bilmeyen soruları vardır. Sizin aklınızın ucundan geçmeyecek şeyleri merak ederler. Bu dönemde dikkat süreleri uzamıştır. Uzun süre ilgilerini çeken bir konuya ya da oyuncağa odaklanabilirler.

Bu dönem, "girişimciliğe karşı suçluluk" olarak adlandırılır. Yani çocuk "şimdi kekin içine biraz da tuz atalım" dediğinde aslında bir girişimcilik örneği sergiler. Ebeveyn ona "saçma saçma hareketler yapma, bırak şu keki" derse çocukta "ben de hep saçma sorular soruyorum, hiçbir şeyi de beceremiyorum zaten" duygusuyla birlikte suçluluk gelişebilir.

Bu dönemde çocuklarımızın sorularını tam olarak yanıtlamaya çalışmak çok önemlidir. Bazı sorularının cevaplarını bilmiyor olabiliriz. İnsanız neticede, bilgisayar gibi bir belleğimiz yok ki; bilgisayarların bile bellekleri sınırlı. Bilmediğimiz bir soruyla karşılaştığımızda "birlikte araştıralım, ben de bilmiyorum" deme cesaretini göstermemiz gerekiyor. Böylece çocuğumuzda "bazı şeyleri bilmemek normalmiş" düşüncesi gelişirken bir taraftan da ebeveyniyle birlikte araştırma ve keşfetme şansını da vermiş oluyoruz.

Yaşamın hiçbir döneminde keşfetmekten korkmamak gerekiyor. Bu nedenle, yaşı kaç olursa olsun çocuğumuzun keşif davranışını baltalamamalıyız. Kim bilir, belki de geleceğin en ünlü kâşiflerinden birisi sizin evde büyüyor. O nedenle korkma, keşfetsin diyorum...

Korkma!
Paylaşır

Koza artık yürüme konusunda iyice ustalaşmıştı. Artık hiç sendelemeden uzun süre yürüyebiliyordu. Bu durum Zara'yı çok çok mutlu ediyordu. Ne de olsa çok beklemişti bu günleri. Zara'nın en yakın arkadaşı Güniz'in de Koza'yla yaşıt bir oğlu vardı. Güniz'in oğlu Ogün, Koza'dan üç ay daha büyüktü. Zaten Zara da çocuğunun ismini koyarken Ogün'den esinlenmişti. Çünkü Ogün, Orhan'la Güniz'in isimlerinin birleşiminden oluşuyordu. Güniz çocuğunun adını Ogün, Zara da çocuğunun adını Koza koyunca arkadaşları Aslı onlarla çok dalga geçmişti. Bu nedenle Aslı'yla biraz araları bozulmuştu. Aslı henüz anne olmadığı için onların duygularını anlamıyordu. Neymiş efendim, Aslı'nın eşinin adı Kalender olduğu için onlar da çocuklarının adını "Kalas" koyacaklarmış! Bunlar deli saçması işlermiş, falanmış, filanmış! Zara ve Güniz, Aslı'nın bu esprisini oldukça seviyesiz ve kırıcı bulduklan için bir süre görüşmemeyi tercih etmişlerdi. Çocuk doğunca görecekti Aslı gününü! Artık çocuğun adı Kalas mı olur Atlas mı bilinmez ama bu söylemlerini ona hatırlatacakları kesindi.

Zara, keşke Aslı böyle seviyesiz bir espri yapmasaydı da bugün yanımızda olsaydı diye geçirdi içinden. Neyse onlar yılların arkadaşıydı, zamanla araları nasıl olsa düzelirdi. Bir süre ayrı kalmak hepsine iyi gelecekti.

Zara tam bunları düşünürken kapı çaldı. Koza kapıya doğru koştu. Annesiyle birlikte kapıyı açtı. Gelen Güniz ve Ogün'dü. Zara arkadaşıyla kahve içip sohbet etmeye o kadar ihtiyaç duyuyordu ki gelmelerini iple çekmişti fakat gerçekler hiç de hayal ettiği gibi olmadı. Evde çocukların peşinde koşmaktan ne iki lokma bir şey yiyebildiler ne de iki lafın belini kırabildiler. "İki tane iki yaş çocuğuyla böyle şeyler yapılamıyormuş meğer" diye düşündü Zara. En büyük sorun ise hiçbir şeyi paylaşamamalarıydı. Koza aylardır rafta duran ve yüzüne bile bakmadığı oyuncakları Ogün'ün elinde görünce birden almak istiyor, alamayınca kriz çıkıyordu. Ogün, evde elli tane olan havuz toplarından birini eline aldığında, Zara gidip illa o topu Ogün'ün elinden almaya çalışıyordu. Üstelik aynı toptan kırk dokuz tane daha varken! "Bunu al kızım, aynısı" demelerine rağmen "bana mısın" demiyordu. Sonuç kavga, gürültü, gözyaşları... Ya biri ağlıyordu ya öteki! Tek sorun oyuncakların hiçbirini ama hiçbirini paylaşamamalarıydı.

Akşam Zara uyuduktan sonra yaşananları annesine ve eşine anlatırken annesi birden, "Çocuğu asosyal yetiştiriyorsun. Senden başkasını gördüğü mü var? Bilmiyor paylaşmayı. Her dediği de oluyor zaten. Böyle giderse çok bencil olacak çok" demişti. Bu sözler kor gibi oturmuştu Zara'nın yüreğine. Gözüne bir damla uyku girmemişti o gece. Sahi çocuğunu istemeden asosyal mi yetiştiriyordu? Kendisi bu kadar özverili, paylaşımcı bir kişiyken çocuğu bencil olabilir miydi?

....

Zara'nın yaşadığı bu kaygıları yaşayan tüm annelere bir müjdem var! Bir-üç yaşlar arasında çocuklar paylaşmayı bilmiyorlar. Yani gelişimsel olarak paylaşmaması son derece normal bir durum. Çünkü ellerindeki bir oyuncağı arkadaşı aldığı zaman, o oyuncağı bir daha asla geri alamayacaklarını düşünebiliyorlar. Bu dönemde çocuğun oyuncaklarını paylaşmaması, hayatı boyunca kimseyle hiçbir şeyini paylaşmayan bencil bir birey olacağı anlamına gelmiyor. Hatta işin komik yanı, minik yavrumuz oyuncağını başkasına vermediği gibi, başkasının oyuncağını da sanki kendisininmiş gibi almaya çalışır. Mülkiyet duygusu gelişmemiş ki yavrucakta ne yapsın. Çünkü bu yaşlarda çocuğumuz paylaşmayı bilmez. Başkalarının duygu ve düşüncelerini önemsemez. Neden biliyor musunuz? Çünkü bu yaş grubu egosantriktir, yani benmerkezcidir. Benmerkezci düşünce yapısına göre "eve misafir geliyorsa onun için, yemek pişiyorsa o yesin diye, denizler o yüzsün diye, anne-babası tartışıyorsa onun yüzünden" gibi bir düşünce yapısı hâkimdir.

Peki, biz ne yapalım. Madde madde yazayım:

1. Çocuğumuzun çok sevdiği, onun için çok özel bir oyuncağı varsa onu paylaşması için zorlamayalım. Eve misafir gelmeden önce eğer bu oyuncağını paylaşmak istemiyorsa kaldırabileceğinizi söyleyebilirsiniz. Örneğin bazı çocukların uyku arkadaşları vardır ve onları yıkatmazlar bile. İşte böyle özel oyuncakları varsa asla paylaşmaya zorlamayın, paylaşmıyor diye kınamayın. Kendinizi düşünün her şeyinizi paylaşıyor musunuz? O halde!

2. Çocuğunuz bir oyuncağını paylaşmıyorsa asla onu tehdit etmeyin, ceza vermeyin. "Paylaşmıyor musun bebeğini? O zaman bu bebeği bir daha rüyanda görürsün! Alıyorum bir daha da vermeyeceğim" gibi tehditkâr ve eyleme geçiremeyeceğiniz cümleler kurmayın.

3. Çocuğunuzla oyun oynarken ondan bir oyuncağını isteyin. Bir-iki dakika gibi kısa bir süre oynayıp geri verin. Böylece oyuncakların başkası tarafından alındığında sonsuza kadar yok olmadığını yavaş yavaş anlayacaktır.

4. "Bir sana bir bana" oyunu oynayın. Örneğin cevizleri, boncukları bir sana bir bana diyerek eşit olarak paylaşın.

5. Sıralı oyunlar oynayın. Örneğin koltuktan sırayla bir o atlasın bir siz. Sonra alt komşu gelsin, o da eğlenceye katılsın ya da boya kalemleriyle dönüşümlü olarak boya yapın. O kırmızıyı kullanırken bekleyin, sonra siz alın ve tekrar ona verin.

6. Paylaşma temalı resimli çocuk kitapları okuyun. Sonunda paylaşmanın ne kadar güzel olduğunu vurgulayın. Paylaşmasaydı kitabın sonu nasıl olurdu birlikte düşünün.

7. Paylaşım konusunda model olun. Eşinizle yemeğinizi, çikolatanızı, vb. paylaşın.

8. Bunun geçici bir dönem olduğunu unutmayın. Karamsarlığa kapılmayın ve asla çocuğunuzu bencil olarak etiketlemeyin.

İşte böyle. Bazen aslında her şey normal gelişimsel seyrinde giderken normal gelişim sürecini bilmediğimiz için bize anormal gelebiliyor. Çocuğumuzun gelişimi söz konusu olduğunda karşılaştığımız her durumda sakinliğimizi korumaya çalışarak durumu değerlendirmek büyük önem taşıyor. Paylaşma becerisi de zamanla kazanılıyor. "Oysaki biz çok paylaşımcı insanlarız, hep de paylaşması yönünde motive ediyoruz, nasıl böyle oldu anlamıyorum" diye kendi kendinizi yemeyin. Öncelikle sakin olun. Unutmayın ki bir-üç yaşındaki çocuklar eşyalarını başka çocuklarla paylaşmaz! Kendi eşyasını almaya kalktıklarında ise kıyamet kopar! Yiyeceğini uzatabilir, paylaşabilir ama oyuncaklarını paylaşmaz. Bu çok normal bir durum, endişeye hiç gerek yok. Yukarıda da belirttiğim gibi bu yaş çocukları "egosantriktir" Yani dünyanın kendi etrafında döndüğünü sanır. Kendisinden başka kişilerin de isteklerinin, ihtiyaçlarının olduğunun farkında değildir! O zihinsel olgunluğa ulaşması için daha zamana ihtiyacı vardır. Üç-dört yaşlarına gelince sadece kendi istediği oyuncaklarını paylaşmaya başlar. Beş-altı yaşlarında ise paylaşmayı öğrenmiş ya da öğrenmeye hazır durumda olur. Paylaşmanın önemini hisseder. Panik yapma sevgili anne, korkma, paylaşacak!

Korkma!
Tanısın

Koza yürümeye başladıktan sonra işler biraz zorlaşmıştı. Her şeyi eline almak, incelemek istiyordu. Ama elinin hiç ayarı yoktu ki! Eline aldığını yere atıyor ya da pat diye sert bir hareketle bırakıyordu. Koza'nın zarar görmemesi için evdeki masa, sehpa gibi tüm sivri kenar ve köşesi olan eşyalara koruyucu takmışlardı. Hatta kapılara, prizlere ve klozete de çeşitli aparatlar takarak çocuklarının güvenli bir ortamda büyümesi için gereken önlemleri almışlardı. Ama adı üstünde çocuk bu! Ne kadar güvenlik önlemi alırsan al, gidip tehlikeyi buluyordu! Elini buzdolabına sıkıştırmayı başaran ilk çocuk olabilir miydi acaba Koza? "Kesin ilk değildir" diye düşündü. Ya da buzluğu açınca kafasına düşen et suyuna ne demeli? Ah ah ne zor büyüyordu bu çocuk...

Zara evlenmeden önce evinin eşyalarını ne kadar özene bezene almıştı. Şimdi ise hepsini bir bir kaldırıyordu. Ev git gide dört duvardan oluşan bir mekân halini almaya başlamıştı. Bu yaptığı doğru muydu acaba? Bu soru ara sıra kafasını kurcalasa da neticede çocuğu için güvenli bir ortam sağlamaya çalışıyordu.

Zaten Koza oyuncak olmayan her şeye meraklıydı. Plastik leğenler, elektrikli süpürge, bulaşık ve çamaşır makinesi ve daha bir sürü ev eşyasına inanılmaz ilgisi vardı. Hatta en sevdiği oyuncak gerçek elektrikli süpürgeydi. Bazen çalıştırması için annesine yalvarıyordu! Çevresindeki birçok kişi, çocuğun elektrikli süpürgeyle oynamasına izin veriyor diye Zara'yı kınasa da Zara için bunun bir sakıncası yoktu. Yani sakıncası olmadığını hissediyordu. Ne diyordu uzmanlar? Hislerinize güvenin! Evet, Zara da uzmanları dinliyor ve hislerini izliyordu!

Yine de şu elektrikli süpürge biraz canını sıkıyor olabilirdi. Bire bir gerçeğinin aynısı olan bir oyuncak almasına rağmen, illa gerçeğini istiyordu. Artık beyaz eşya satan dükkânların önünden geçemez olmuşlardı. Koza bu mağazaların önünden geçerken birden içeri giriyor, tüm elektrikli süpürgeleri inceliyor, bir türlü çıkmak bilmiyordu! İşte bu zamanlarda "benim kızım neden gidip beşikte bebek sallamıyor" diye içi içini yese de sakinliğini korumaya ve bu hislerini kimseye yansıtmamaya çalışıyordu.

Yine bir gün kendisini Google ile sohbet ederken buldu. Sorusu çok açık ve netti: Çocuğum elektrikli süpürge seviyor, normal mi? Kimseye itiraf edemediği bir şeyi yine Google'a itiraf etmişti işte!

....

Sizin yavrunuz da elektrikli süpürgeye, ütüye, miksere meraklı mı? Cevabınızı duyuyorum... Evet! Nasıl meraklı olmasınlar ki? İlk defa elektrikli süpürge ya da ütü gördüğünüzü bir düşünsenize. Süpürgenin "tıırrrrrrttttt" diye ses çıkaran upuzun kablosu, ütünün "pufffffff" diye ses çıkaran buharı nasıl dikkat çekmez. Bir de yetişkinler sürekli bunlarla oynuyorsa demek ki dikkate değer bir şeyler var. Ebeveyn olarak çözümü basit. Verelim eline süpürgeyi keşfetsin. Köşelerden süpürgeyle dönmeye çalışsın, engelleri aşmaya çabalasın! Bakın problem çözme becerisinin gelişimini destekleyecek bir etkinlik işte oldu bile! Çocuğun ilgi alanı doğrultusunda, gerçek nesnelerle yapılan etkinlikler çocuğun gelişimini çok daha iyi destekler. O yüzden kırılma, kesme riski olanlar dışındakileri korkmadan verebilir, keşfetmelerine, tanımalarına fırsat sağlayabiliriz. Bir süre sonra emin olun ilgileri başka materyale kayacaktır.

İşte bu nedenle bebek yeni yürümeye başladığında etraftaki tüm aksesuarları toplanmaması gerektiğini düşünüyorum. Her şey yerli yerinde kalsın ama sürekli "dur", "dokunma", "yapma" demek de uygun bir yaklaşım değil. Asıl olan çocuğun doğal ortamında gelişimini desteklemeye çalışmak. Çocuk aslında kendi gelişimsel sürecine uygun olarak sizi yönlendiriyor. Örneğin sehpanın üstündeki mumları fitilinden tutarak kaldırıyor, yere atıyor, sonra eğilip alıyor ve yerine koyuyor. Burada kıskaç kavrama, el-göz koordinasyonu (ince motor), dengede durma, eğilip yerden bir nesneyi alma (kaba motor), neden-sonuç ilişkisi kurma (bilişsel) becerileri desteklenmiş oluyor. Aspiratörün düğmesini, çaydanlığın kapağını, çekmeceyi açıp kapatırken de benzer şekilde birçok gelişim alanı desteklenmiş oluyor. Elbette çabucak kırılıp ona zarar verecek nitelikte olanları (sivri, kesici, vb.) ortadan bir süreliğine kaldıralım. Ama evi sadece koltuktan oluşan bir mekân haline getirmeyelim. Evin dekorasyonunu çok fazla değiştirmeden yavrumuzun hem bilişsel hem sosyal hem de ince ve kaba motor gelişimini destekleyebiliriz.

Bu nedenle keşfetmelerine izin verelim. Eline alsın, incelesin, evirsin, çevirsin. Ama bazen atmaya, fırlatmaya kalkabilir dikkat! Eline aldığı her nesnenin ne olduğunu anlatalım, rengini, şeklini, inceleyelim. Varsa sesini dinleyelim. Sonra yavaşça yerine koyalım. Tabii bu süreçte evde birtakım hasarlar olabilir. Ama tekrar söylemek istiyorum, çocuğumuza zarar vereceğini düşündüklerimizi mutlaka kaldıralım. Bu şekilde evdeki tüm materyallerinizi çocuğunuzun gelişimini desteklemek için eğlenceli bir şekilde kullanabileceğinizi göreceksiniz.

Lütfen çocuğunuz eline evdeki herhangi bir objeyi aldığında hemen panik olup hiçbir açıklama yapmadan "o cısss" deyip çocuğunuzun elinden almayın. Evinizi tüm dekoratif objelerden arındırmayın. Sonuçta estetik algısı da gelişiyor değil mi? Korkmayın incelesin... Bu onun en önemli gelişimsel süreçlerinden birisi.

Tabii bu keşif sürecinde tüm ebeveynler çocuklarının hasta olmasından endişelenir. "Ay ya mikrop kaparsa ya ateşi yükselirse, ya boğazı iltihaplanırsa" diye korkar. Bu düşünceler tüm annelerin beynini kemirir. Fakat ebeveynlerin çocuğunun keşif sürecini engelleyecek bu kaygılarının üstesinden gelmesi gerekir. O minicik yavrunun keşfetmeye, dokunmaya, koklayamaya hatta bazen tatmaya ihtiyacı var. O bir kâşif demiştim hatırlıyor musunuz? "Dokunma ellerin pislenir, koşma düşersin, ay ağzına alma, uzanma cıss o" diyerek minik kâşifin gelişimine ket vuruyorsunuz. Tabii ki hiç dokunmaması gereken, ağzına almaması gereken durumlar olabilir. Ama ne var lastikçide lastikle oynasa ya da çamurla oynasa, sıcak havalarda suyun içinde cıp cıp dansı yapsa... Çocuk bu, "dur klozetin içine elimi sokayım da annem delirsin. Baktım delirmiyor arabamı da içine atarım" diye düşünmez! Tek derdi "dokunsam ne olur, arabamı içine atsam ne olur" diye keşfetmek... Ama biz de "ay yavrum ne güzel klozeti keşfediyor, at yavrum at arabanı, hatta benim tokalarımı da at" diye düşünmüyoruz elbette. Tabii ki keşfetmenin de bir sınırı var. Bu, çocuklarımızın gelişim ve dünyayı keşfetme serüveni. Bu nedenle korkmayalım, dünyayı tanısın, tanışsınlar!

Korkma!
Bırakır

Koza artık iki yaşına gelmişti. Çok şükür ki iki yıl boyunca emmişti. Aslında itiraf etmesi gerekirse Zara yeni doğum yaptığı günlerde gerek az gelen sütünden gerekse yara alan göğüs uçlarından dolayı emzirmekten pek hoşlanmamış fakat bunu kendisine bile itiraf edememişti. Her yerde emzirmenin ne kadar büyüleyici bir yaşantı olduğundan bahsedilirken kendisinin çıkıp da "bu acılar mı büyüleyici" demesi uygun olmazdı zaten. Koza altı aylık olduktan sonra emzirmek, Zara için daha keyifli bir süreç haline gelmişti. İşte o aylarda emzirmenin gerçekten harika bir duygu olduğunu düşünmüştü. Şimdi ise zorlu bir sürecin onları beklediğini hissediyordu...

Zara'nın hedefi Koza'nın ikinci doğum gününden sonra emzirmeyi bıraktırmaktı. Öyle pat diye bıraktırmak ya da iğrendirerek bıraktırmak istemiyordu. Okuduğu tüm kitaplar da buna karşıydı zaten. Bloglar ise salça sürenler, oje sürenler, bilmem ne otu sürenlerin deneyimleriyle doluydu. Ama Koza'nın emmekten iğrenmesini istemiyordu Zara. Çünkü Koza tam iki yıl büyük bir aşkla emmiş, emerken sevmiş, emerken uyumuştu... Acıkınca emmiş, korkunca emmiş, canı her istediğinde emmişti. Böyle bir aşkın hüsranla bitmemesi gerekiyordu. Yani bir şey sürüp "acı oldu" dese ya da "yara oldu" dese incinirdi, üzülürdü onun minik Koza'sı. Zara bu konuyla ilgili her şeyi ama her şeyi okudu; blogları, makaleleri, kitapları, dergileri. Sonuç olarak kendisi ve kızı için en uygun yolu seçti ve aşamalandırdı. İki ay süren bir memeden ayrılma süreci planladı.

İlk Aşama

Önce Koza'nın gün içerisinde ne sıklıkta emdiğini belirledi. Koza sabah uyanınca, annesi işten dönünce ve yatarken emiyordu. Rutin olarak geceleri de iki kere uyanıyor ve emerek tekrar uyuyordu. Hafta sonları ya da Zara'nın evde olduğu tatil günlerinde ise öğlen yemeğinden sonra da emiyordu. Artık ertelemekten vazgeçti. Kendisini hazır hissediyordu. Sürekli emzirmek artık zor geliyordu ama seviyordu da! Okuduğu her kaynakta, annenin kendisini hazır hissetmesi gerektiğinin önemi vurgulanıyordu. Evet hazırdı. Hafta sonu başlamaya karar verdi ve ilk önce öğlen yemeğinden sonra emzirmeleri kesti. En sancısız geçen süreç buydu onlar için. Ama Koza emerek uyumaya alışkın olduğu için öğle uykusuna yatırmak çok zor oluyordu. Saat 13.00'de uyuyan Koza saat 15.00'e kadar uyumuyordu. Çünkü emmeden nasıl uyuyacağını bilmiyordu. Yatakta kitap okuyorlar, şarkı söylüyorlar, dönüp duruyorlardı ama Koza bir türlü uyuyamıyordu. Uyuyamadıkça huzursuzlanıyor, ağlıyor, "meme" diyor emmek istiyordu. Memeye dokunuyor olmuyor, bakıyor olmuyordu. O gün ikisi için de duygusal olarak çok zordu. En son balkondaki salıncağa gittiler. Salıncakta Zara'nın kucağında sallanırken üç dakika içinde uyudu Koza. Zara derin bir oh çekti. Neyse ki o salıncak varmış diye düşündü.

Zara çok yorgun ve çok üzgündü. Hemen akşam olmasını ve yavrusunu emzirme zamanının gelmesini istiyordu. Ertesi gün daha kolay oldu. Öğlen uykusu için birlikte yatağa gittiler. Koza emmek istedi ama olmayınca memeye baktı, oynadı. Annesiyle birlikte kitaplara baktılar. Sonra mucize gibi bir şey oldu. Sırtını döndü ve uyudu... İşte o gün Zara dedi ki "Bu çocuk bırakmaya hazır, hazır olmayan asıl benmişim..."

İkinci Aşama

Zara hafta sonları öğlen yemeğinden sonra emzirmeyi kestikten on beş gün sonra, iş dönüşündeki emzirmeyi kesti. En zorlarından birisi buydu onlar için. Gün boyunca birbirlerini çok özlemiş oluyorlardı. Zara da içten içe emzirmek istiyordu. Geceyi iple çekiyordu! Her meme dediğinde "güzel kızım, meme burada" dedi. "Meme onu bıraktı gitti" hissiyatı yaşamaması için her sorduğunda "meme burada kızım, dokunabilirsin" demeyi ihmal etmedi. Evde birlikte çeşit çeşit oyunlar oynadılar. Koza boyamayı, parmak boyasından baskı yapmayı ve bebekleri çok severdi. Zara kızının sevdiği aktivitelerden her gün orijinal bir etkinlik yarattı. Her gün kızı yatana kadar oyunlar, şarkılar, danslar birbirini kovaladı. İlk iki aşama bir ay sürdü. Bu süreçte Koza geceleri kesintisiz uykuya geçti. Zara'nın en çok endişe ettiği konulardan biri, Koza uyanınca memesiz nasıl uyutacağı noktasıydı. Ama şansı yaver gidiyordu. Koza gece uyansa bile, sırtına yavaşça dokunup "kızım buradayım, buradayım bir tanem" dediğinde mızırdansa da uyumaya devam ediyordu. Zara aşamalandırarak meme bıraktırmanın en büyük faydasını bu aşamada görmüştü.

Üçüncü Aşama

Koza sabahları 06.00-06.30 gibi uyanır, biraz emer ve 07.30-08.00'e kadar uyurdu. Artık gece boyu emmediği için sabahları memeden kesme süreci de Zara'nın gözünde büyüyordu. Fakat hiç korktuğu gibi olmadı. Yalnızca sabah emzirmediği için ilk üç sabah 06.30'da kalktılar ve dans dans... Zara "yeter ki gönlü olsun minik kuzumun" diyerek sabahın o erken saatinde oyunlara başlıyordu. Koza ise "meme burada kızım ama süt yok!" cümlesini duyuca hemen yataktan kalkıyor, annesini de elinden çekiştirip hemen salona götürüyordu. Artık, resim, dans, şarkı, araba yarışı, top akıllarına ne gelirse onu oynuyorlardı. Üç gün sonra Koza'nın uyku düzeni eskisine döndü ve sabah dansları sona erdi...

Dördüncü Aşama

En zoru en sonuncusunu kesmekti. Çünkü artık anne olarak Zara'nın da vazgeçmesi gerekiyordu... Minik kuzusuyla en özel anlarına veda ediyor gibi hissediyordu kendisini. Bütün gün sadece Koza değil, aslında Zara da bekliyordu emzirmek için. Koza uzun uzun emer sonra sever, sonra da başını kaldırıp "anne" derdi öyle içten, öyle güzel, gözleri çakmak çakmak...

Zara o gün uyku saati gelmeden bir saat önce Koza'ya, sonra annesine, sonra da kırmızı oyuncak arabaya "biliyor musun memede süt bitmiş, artık gece meme yok" dedi. Koza çok oralı olmadı ama gece yatma saati gelince başladı "meme meme" demeye. Hep aynı cümleleri tekrarladı Zara "Kızım meme burada, dokunabilirsin, bakabilirsin ama sütü bitti, emmek yok" Biraz mızmızlandı Koza ama ağlamadı. Zaten gün içerisinde çok oynayıp yorulduğu için memeyle oynayarak on dakika içinde uykuya daldı. Sonraki dört gün yine her gece aynı cümleler kuruldu, aynı tablo yaşandı. Koza annesinin yakasından çekiştirse de sadece baktı ve dokundu...

İşte Zara ve Koza'nın meme bırakma hikâyesi böyleydi. Zara aşamalandırarak, direncini ve istikrarını kırmayarak bu süreci harika bir şekilde yönetti.

Burada birkaç önemli noktaya ve biraz da kendi hikâyeme değinmek istiyorum. Öncelikle meme bıraktırma aşamasında, özellikle gece bıraktırma aşamasına geldiğinizde, çocuğunuza mutlaka açık hava aktiviteleri, bol koşturmacalı, bol oksijenli ve elbette eğlenceli aktiviteler sunun. Birlikte daha çok zaman geçirmeye ve oynamaya dikkat edin. Ne oynadığınızın bu noktada önemi yok. Önemli olan çocuğunuzla birlikte hoşça vakit geçirmeniz. Ama unutmamanız gereken en önemli şey; çocuğunuzda bir süreliğine huy değişikliği olabileceği. Örneğin benim oğlum bazen çok inatçı olsa da ben onun inadını hep kırabilmişimdir. Ama gece emmeyi bıraktığı ilk üç gün "neler oluyor benim çocuğuma" dedim. Ne ağlama krizleri yaşadık, hiç umulmadık durumlarla karşı karşıya kaldık. Çok çok zor ama sakinliği korumak lazım. Her ağlama krizinde -ki hiçbiri meme diye olmadı ama aslında altta yatan neden oydu- ona sarıldım sıkı sıkı. O kendini geriye doğru attı, dikkatini dağıtmak için en sevdiği şeyler bile kâr etmedi. Ağladı ağladı... Hep onu çok sevdiğimi, yanında olduğumu söyledim ama benim de sinirlerim gerildi ve bunu yavrumun hissetmemesi gerekiyordu... İkinci gece oğlum uyuduktan sonra o kadar çok ağladım ki... Neticede bu benim de meme bıraktırma sürecimdi. Hem memeden ayrılma süreci yaşanıyordu hem de çocuğum kendisine dokunmama izin vermiyor, hırçınlaşıyor ve mutsuzlaşıyordu... İlk üç gün boyunca, her günün en az bir krizi oldu. Her gün okulda arkadaşlarıma danıştım ben de. Evet, bir uzman olabilirim ama kendi çocuğumun annesiyim. Bana hep aynı şeyleri söylediler, "sakin ol geçecek, normale dönecek" Ve biliyor musunuz, dört gün! Sihirli dört gün! Dört gün sonra Demir eski Demirime döndü...

Bir anne için emzirmek gerçekten zor bir imtihan... Emdi emmedi, doydu doymadı, sonrasında bıraktı bırakamadı derken iki yıl geçiveriyor... Etraftaki çatlak sesleri de anmadan geçmeyelim.

"Ay sütün yetmiyor mu?"

"Doymadı bu doymadı, mama ver"

"Yapıştı memeye, zor bırakır artık"

"Nasıl bıraktıracaksın bilmiyorum valla"

Bu uçuşan cümleler annelerin de uçuşmasıyla ve bazen içinden bazen de dışından "YETEEERRR" diye bağırmasıyla sonuçlanır...

Sen her şeye karışan tontik teyze, her şeyi bildiğini sanan güzel kadın, doğuştan gelişimci yaşlı nine, lütfen artık şu annelerin emzirmesine, annelik tutumlarına karışmayın... Zaten anneler için bazı süreçler çok kritik. Emzirme bunlardan birisi ve anne-çocuk arasındaki en özel süreç. Biliyoruz kötü bir niyetiniz yok, hep iyilik istediğinizden bu yaklaşımlar, söylemler. Ama tatlı teyzem/amcam iyilik istiyorsan lütfen sus! Lütfen bu sürece karışma! Hele çocuğun yanında "ay bırakamaz" gibi cümleleri kurma. Neden mi? Çünkü o dünya tatlısı her konuşulanı duyuyor ve biliyor musun artık her şeyi anlıyor. İşte o noktada çocuk da kaygı başlayabiliyor. "Annem mi gidecek", "memede süt mü bitecek" kaygıları yavrunun zihninde beliriyor. O nedenle lütfen çocukların yanında, onların kritik süreçleri hakkında konuşmayalım. O öğrenmeye aç güzel zihinlerini böyle kaygı uyandıracak cümlelerle doldurmayalım. Zaten anne kaygılı lütfen kaygıyı artırmayalım...

Korkma!
Tuvalete Alışır

Yürüdü yürümedi, emdi emmedi, yedi yemedi derken Koza iki yaşına gelmişti bile. Artık tuvaleti geldiğinde salondaki büyük ağacın arkasına geçip saklanıp öyle yapıyordu. Sanki tuvalet alışkanlığını kazanmaya hazır gibiydi. Annesi ise bir taraftan "hadi ama geç kalacaksın" diye sıkıştırıyordu. Ancak Zara bir türlü karar veremiyordu. Erken başlayıp çocuğunu olumsuz etkilemek de istemiyordu, geç kalıp süreci zorlaştırmak da. Bir sürü kitabı, bloğu, internet sitesini inceledi. Okuduklarına göre, tuvalet alışkanlığı kazanım süreciyle ilgili farklı yaklaşımlar vardı ve bunlardan bir tanesine göre "çocuğun bezi kendisinin bırakması için beklemek" yönündeydi, ancak bu üç yaş civarında oluyordu. Ama bazı çocuk kendiliğinden bezi bırakmak istemiyordu. Hatta dört yaşına gelip "bezimi bağla kaka yapacağım" diye tutturanlar olduğunu yazanlar vardı. Kimisi ise on beş günde tuvalet alışkanlığını kazanıyordu. O kadar okuduktan sonra Zara kararını verdi. Bayram tatilinden sonra başlayacaktı bu macera! Bayramdan sonra bir hafta izin alacak ve bu süreçte çocuğuna elinden gelen desteği verecekti. Evet, Pepe'ye katılıyordu! Kakalar tuvalete, çişler tuvalete, artık kimse yapmayacak altındaki beze! Hatta en sevdiği şarkı artık buydu.

....

Hiç endişelenme Zara, her anne bu süreçlerden geçiyor. Ama emin ol geçiyor. Bunun adı "tuvalet alışkanlığı kazanma süreci", adı üzerinde işte, bu bir süreç. Minik yavrunun biraz zamana ihtiyacı var, o kadar. Sevgili Zara, şimdi sana madde madde ne yapman gerektiğini anlatacağım:

1 numaralı kural: Çocuğunuzun hazır olduğuna emin olun. Uzun süre tuvaletini tutabiliyorsa teorik olarak hazır demektir. Bununla birlikte bezi istemediğini de sözel ya da beden diliyle ifade ediyorsa denemeye başlayabilirsiniz...

Peki, Koza hazır mıydı acaba? Uzun zamandır kakasını hep bir kuytu köşede yapıyordu, altı aydır birlikte tuvalete gidiyorlardı ve Zara'nın klozetin tam karşısına koyduğu lazımlığa oturuyordu. Sonra o lazımlığa bir parça tuvalet kâğıdı atıyor ve tuvalete döküp birlikte sifonu çekiyorlardı. Koza bayılıyordu bu işleme. Ama tabii bunların hepsi üzerinde kıyafetleri varken bir oyun gibi oluyordu.

Koza bebekliğinden bu yana çok çabuk pişik olur ve Zara bu pişikleri sadece havalandırarak ve asidi alınmış saf zeytinyağı sürerek iyileştirirdi. Yine böyle bir pişik zamanında Koza'yı öğle uykusuna bezsiz, sadece külot giydirerek yatırdı. Tabii çarşafın altına kat kat alez koyarak... Koza tam üç saat uyudu ve kuru kalktı. Zara bu duruma inanamadı! "Koza meğer çişini tutabiliyormuş" diye düşündü. Kitaplarda hep "on sekizinci ayda çocukların kas kontrolünü kazandıkları ama beceriyi geliştirecek olgunlukta olmakla eyleme geçmenin başka şeyler olduğu" yazıyordu. Zara Koza'yı yataktan kaldırdığı gibi lazımlığa oturttu ve koza çişini oraya yaptı. Evet, evet kesinlikle hazırdı!

2 numaralı kural: Çocuğun hayatında hiçbir değişikliğin olmayacağı bir zaman aralığı seçin. Yani taşınıyorsanız, tatile gidiyorsanız, bir kardeşi olacaksa, vb. durumlarda tuvalet eğitimine başlamamanız önerilir.

Zara da bayram tatiline gidecekleri için hemen başlamadı tuvalet eğitimine. Önce bayram tatiline gittiler. Döndükten sonra bir hafta eve adaptasyon süreci geçirdiler.

Hafta sonu kitaplarda yazıldığı gibi Koza'ya iç çamaşırı ve lazımlık almaya gittiler. Koza pek iç çamaşırı alışverişiyle ilgilenmese de olsun, en azından birlikte alışveriş yapmayı denemişlerdi. Lazımlığa gelince müziklisi, merdivenlisi derken ne çok çeşit vardı.

Zor da olsa birisine karar verip aldı. Aslında evde bir lazımlık vardı, Zara'nın yeğeninden kalmaydı. "Yeni sürece yeni bir tuvaletle başlayalım" diye düşündü Zara. Hatta bir de tuvalet kitabı almışlardı.

3 numaralı kural: Bez çıkacak külot giyilecek.

Tuvalet eğitimi sırasında çocukları çıplak gezdirmek gibi bir eğilim var ki bu kesinlikle yanlış! İç çamaşırı giymek eğitimin bir parçası. Kaldı ki biz evimizde "ay her an tuvaletim gelebilir" diye böyle dolaşmadığımıza göre çocuğumuz da dolaşmamalı... Evet, çok çamaşır çıkıyor ilk günlerde ama çocuğun o ıslaklığın farkına varıp rahatsız olarak tuvaletini tutmaya başlaması da sürecin en kritik noktalarından birisi.

Zara ve Koza tuvalete alışma sürecine başladılar. Zara ilk gün sabah uyandıklarında Koza'nın bezini çıkarttı ve külot giydirdi. Nedense içinde "bu iş çok kolay olacak" gibi pozitif bir his vardı! Her yirmi dakikada bir saate bakıp Koza'yı lazımlığa götürüyordu. Tabii çocuğu habire tuvalete götürmek çok kolay olmuyordu. Tuvalete önce kitaplar götürdü, sonra bir leğene su doldurdu ve bu inanılmaz işe yaradı. Suyla doldur boşalt yaparken, Koza tuvaletini yaptı ve alkışlaarr alkışlaarrrrr! Zara ne kadar içtiği sıvıyı hesap edip her yirmi dakikada bir tuvalete götürse de tuvaletten kalktığı anda ya da tuvaletten çıkınca hemen altına yapıyordu Koza. Sabah ayrı, öğlen ayrı, akşam ayrı çamaşır yıkanır haldeydi.

İlk gün Koza'ya alıştırma külotu giydirerek işe başlamıştı fakat alıştırma külotu idrarı tuttuğu için çocuk ıslaklık hissediyor ama sızıntı yapmıyordu. Zara da Koza'nın bu durumdan rahatsız olmadığını görünce ikinci gün öğleden sonra penye külot giydirmeye başladı. İşte o gün yerlerde göller oluştu ve Koza bu durumdan rahatsızlık duymaya başladı... Eee, rahatsız olacak ki tuvalete yapsın değil mi?

Neyse, ilk gün lazımlığa oturup bazen on beş-yirmi dakika bile bekleseler, beş denemeden birinde ancak yapıyordu lazımlığa tuvaletini...

Gelelim kaka mevzusuna... Koza'nın kakası geldiğinde gittiği birtakım stratejik noktalar vardı evde. Onlardan birine gidip yüzü gözü "kaka yapıyorum ben" mimiklerine bürününce Zara hemen kızını lazımlığına götürmek istedi fakat Koza direndi ve kakasını yapmayı reddederek tuttu. Koza evde sürekli kakasını yapacak yer ararken annesi gizli bir ajan gibi onu izledi. Tam yapacağı anı yakalayınca Zara kızını tuvalete götürdü. Götürdü ama Koza kakasını yapmadığı gibi, on dakika sonra külotunu bile giymeden kaçtı gitti salona! Zara bir baktı ki Koza salondaki çiçeğin arkasında kakasını yapıyor... "Önemli olan bezden dışarı yapması" diye düşünerek istediği yere yapmasına izin verdi. Zaten minik Koza o kadar çok korkmuştu ki yaparken nasıl titremiş, ağlamıştı. Bitince kocaman alkışladılar. Sonra alıp hep birlikte tuvalete götürdüler, "bay bay" deyip kakayla vedalaştılar ve sifonu çektiler...

Zara ve Koza farkında olmasa da aslında tuvalet alışkanlığı sürecinde çok büyük bir adım atmışlardı...

4 numaralı kural: Bez çıktı mı hep çıkacak. Yani "dışarı çıkıyoruz bağlayım, aman gece yatarken bağlayayım" yok...

Zara birinci günün sonunda çamaşır makinesi son sürat çalışırken "sabaha da nevresim yıkarız artık" diye düşünürken nevresimin altına alezleri yerleştirdi. Koza'nın altını bağlamadan, bezsiz uyuttu. Koza'yı uyuttu ama kendi uyuyamadı. Zaten tüm günü çiş peşinde koşarak geçirdiği yetmezmiş gibi, gece de resmen çiş nöbeti tutuyordu. Ha yaptı, ha yapacak diye çok az bir uykuyla sabahı etti ve Koza sabaha kadar hiç çiş yapmadı... Ama uyandı, gözünü açtı ve anında yatağa yaptı! Zara "gündüz çişleri tutan alıştırma külotları, sabaha kadar tutulan çişler karşısında çaresiz kalıyormuş meğer" diye düşündü. Neyse, Zara zaten nevresimleri yıkamaya odaklı yatmıştı değil mi? Burada aslında önemli olan gece boyunca tutması, hiç altına yapmamasıydı. Mucize gibi bir şeydi bu Zara ve Koza için.

İkinci gün de ilk günden farksız geçti. "Acaba erken mi başladım, öğrenebilecek mi?" soruları gün boyu Zara'nın kafasını kurcaladı ve habire çamaşır yıkamaktan ve yer silmekten son derece sıkıldı... Koza da sürekli banyoya gitmekten sıkılmıştı zaten, artık istemiyordu. Zara'nın yeniden yaratıcı bir şeyler bulması gerekiyordu ve bu sefer de ponponları suya atma oyunuyla Koza'nın aklını çelerek banyonun yolunu arşınlamaya devam ettiler. Zara ikinci günün akşamında, Koza'nın kakasının geldiğini hissettiğinde hemen lazımlığına oturttu, çok uzun oturdu Koza. Kalkmak istedikçe Zara hemen bir oyun yarattı. Koza kakasını yapmaktan o kadar çok korkuyordu ki... Sulu oyunlar, şarkılar, kitaplar derken Koza kakasını lazımlığa yaptı ama gene titreyerek ve ağlayarak... Bittikten sonra kakasını ne kadar güzel yaptığı hakkında konuştular, uzun uzun baktılar şahesere. Sonra Koza, kakasını kendisi döktü klozete ve "güle güle kaka" diyerek yolcu etti gün boyu beklenen misafirlerini... "Ne değerli kakaymış" diye düşündü Zara. Hiçbir kaka bu derece değerli olmamıştı!

"Gece nasıl olsa yapmıyor, kakasını da yaptı, olacak herhalde bu iş" diye düşünüp uykuya daldılar ama o gece Koza altını ıslattı... Neyse canım, olur o kadar deyip gece gece nevresimleri değiştirdiler. Koza biraz mızırdandı ama işlemin farkında olması çok önemliydi. Bir daha yapmaz nasıl olsa diye alez bile sermeden yattılar. Ve Koza tekrar yaptı. Yatak döşek her yere geçti! Gece gece bir dolu iş! Yine de sakinliğini korudu Zara. Koza'ya "çişini yaptın, bir dahaki sefere tuvalete yaparsın. Olabilir böyle küçük kazalar" dedi. İkinci gece de böyle sona erdi. Uykusuz duraksız "merhaba" üçüncü gün...

Üçüncü günün sabahında Koza gece çoğunu boşalttığı için yatağı ıslatmadı ama kesinlikle banyoya girmeyi reddetti. Zara lazımlığı diğer banyoya götürdü yine reddetti ve ta ta taaaa altına yaptı...

5 numaralı kural: Sakin olacaksın, kızmayacaksın, baskı yapmayacaksın.

Günler tuvalette geçiyordu ama hâlâ bir arpa boyu yol gidememişlerdi. Zara sürekli elinde bez evdeki göletleri temizliyordu. Bir taraftan da gözü hep saatteydi, yirmi dakikada bir tuvalete götürüyordu Koza'yı. Sürekli külot yıkamaktan, ev silmekten bıkkınlık gelmişti. Tam tuvaletten kalkıyor sonra şırrrrrrr koridora! Haydi, Zara sil bakalım. Evde köpek yavrusu varmış gibi hissediyordu!

Uykusuzluktan ve sürekli çiş peşinde koşmaktan sinirleri geriliyordu ama hissettirmemeye çalışıyordu. Koza o gün banyoya girmeyi reddetti ve öğlene kadar çişini tuttu. Aslında gündüz çişini tutmasının miladı olmuştu bu. Yirmi dakika yarım saatte bir çiş yapan çocuk, üç-dört saat çişini tutmuştu. O gün öğle yemeğini yerken çişini tutamayıp bırakmıştı. Zara'nın sinirleri harap olmuştu. Koza "anniiii" diye suçlu suçlu bir bakışla Zara'nın yüzüne bakarken "olsun kızım, kaza oldu, bir dahaki sefere tuvalete yaparız" demişti. Ama Koza banyoya girmeyi yine reddetti. Koza annesiyle mutfaktayken gidip yatak odasında ağladı Zara... Koza'nın çişini altına yaptığında, kendisine bakışını unutamıyordu. "Çocuğa çok mu baskı yaptım" düşüncesi beyninin bir yarısını kemirirken "acaba hazır değil miydi" düşüncesi diğer yarısını kemiriyordu. Ağlaya ağlaya eşini arayıp "olmuyor, oturmuyor, gün boyu hiç oturmadı, tuvalet adaptörü al gel" diye telefonda hıçkırıklara boğuldu. Eşi ise ona "sen neleri hallettin, merak etme" dedi. Birçok şey halletmiş olabilirdi ama kızının çişini kontrol edemiyordu...

O gün Koza öğle uykusundayken tuvalet eğitimiyle ilgili bildiği bir dünya şeyi yeniden okudu. "Baskı yapmayın, baskı yapmayın" hep aynı şeyler yazıyordu. "Tamam, baskı yapmayayım ama şimdi uyanacak ve uyku boyunca tuttuğu çişi yatağa yapacak! Banyoya girmiyor bile" diye düşündü. Sonra aniden lazımlığı aldığı gibi salona götürdü. İki tane lazımlık olduğu için birine de kızının en sevdiği oyuncak peluş Niloya'yı oturttu.

Ve Koza uyandı...

6 numaralı kural: Önemli olan lazımlığa/adaptöre olumlu tutum geliştirebilmek.

Koza uyanınca Zara, "biliyor musun, Niloya'nın da tuvaleti gelmiş, gidip bakalım nasıl yapıyor" diyerek Koza'yı salona götürdü.

Üç gündür ikisi de banyodan bunalmıştı. Koza'ya Niloya'nın nasıl tuvalete oturduğunu gösterdi ve hemen yanındaki lazımlığa da Koza'yı oturttu. Ve nihayet Koza tuvaletini yaptı. Sonra Niloya, Koza ve Zara gidip tuvaletlerini döktüler. Sinirleri yıpranan Zara bu sefer de "kızım oturdu çişini yaptı" diye kapanıp bir güzel ağladı...

İşte Zara ve Koza'nın kırılma noktası bu oldu. Üçüncü günden sonra Koza çişini çook uzun süreler tutmaya başladı. Bugünden sonra geceleri altını hiç ıslatmadı. Zara, Koza'yı iki saatte bir tuvalete oturttu ve on-on beş dakika bekleseler de tuvaletini yaptı. Dört, beş ve altıncı günler ufak tefek kazalarla geçti ama çoğunlukla tuvalete yapıldı. Koza onuncu günden sonra oturur oturmaz yapıp hemen kalkmaya başladı. Üçüncü haftadan sonra nadir de olsa çişini kendisi söylemeye başladı...

En güzeli de lazımlık neredeyse orada tuvaletini yapıyordu. On beş gün sonra tamamen alıştı Koza. Şimdi sırada külotunu kendisinin çıkartması, tuvalet sonrası temizliğini yapabilmesi ve kendi külotunu giyebilmesi aşamaları vardı. İşte o zaman tuvalet alışkanlığı kazanma süreci tamamlanacaktı ama Zara şimdilik bu kadarına şükrediyordu.

Madde madde tekrar özetleyecek olursak;

1. Çocuğunuzun hazır olduğuna emin olun. Uzun süre tuvaletini tutabiliyorsa teorik olarak hazır demektir. Bununla birlikte bezi istemediğini de sözel ya da beden diliyle ifade ediyorsa denemeye başlayabilirsiniz.

2. Çocuk ne kadar hazır gibi görünse de şıp diye bu alışkanlığı kazanamıyor. Bu nedenle asla umudunuzu yitirmeyin.

3. Bazen çok zor olsa da "sabır" Ne demiş atalarımız "sabreden derviş, muradına ermiş"

4. Bezi çıkarttıktan sonra gece, gündüz, dışarı çıkarken vb. durumlarda bez bağlamayın. Yanınıza yedek kıyafetlerinizi ve portatif ya da portatif olmayan lazımlığınızı alın. Kendinizi ve çocuğunuzu eve kapatıp bunaltmayın.

5. Eğer lazımlığa oturmak istemezse, yeni bir lazımlık/adaptör daha edinin. Bu da işe yaramazsa yaratıcılığınızı kullanın. Yeni lazımlığa sevdiği bir bebeğini, arabasını, topunu "aa çişini yapıyor" diye oturtun... Evde çocuğunuzun tuvaletini bezini yaparken gittiği bir köşe varsa lazımlığı oraya koyun. Hiçbiri işe yaramadıysa lazımlığa her oturuşunda "tuvaletini yapsın yapmasın, iki saniye bile otursa" ödüllendirin. Bu ödül çocuğun ilgisine göre değişir. Bazı çocuklarda sticker, bazılarında alkış, bazılarında yiyecek, bunu siz çocuğunuzun ilgi alanına göre belirleyin.

6. Bezi çıkartmadan önce, bir süre sizinle beraber tuvalete gelmesine sizi izlemesine izin verin. Hatta lazımlığını sizin klozetinizin yanına ya da önüne koyun. Birlikte gittiğinizde o da üzerinde kıyafetleriyle otursun.

7. İlk günlerde lazımlığında otururken "hadi yap, hadi yap" diye sıkıştırmak yerine sevdiği bir kitap, şarkı ya da oyun size eşlik etsin. Eğer banyodaysanız sulu oyunlar çok işe yarıyor. Arada çişini yapmasını hatırlatın tabii ama çocuğu bunaltmadan...

8. Bu süreçte çocuğunuzu evde çıplak gezdirmeyin. İç çamaşırı giymenin de eğitimin bir parçası olduğunu unutmayın.

Bunun geçici bir süreç olduğunu aklınızdan çıkarmayın. Bir süre sıkıntı yaşayabilirsiniz ama hepsi geçecek. Hayatınız bir çiş/kaka mücadelesi şeklinde geçmeyecek. Kendinizi sürekli teskin edin, olumlu düşünün...

Asla unutulmaması gereken bir gerçek var ki bu da tuvalet alışkanlığı kazanmanın bir yarış değil, süreç olduğu. Evet, biliyorum zorlu ve hassas bir süreç. Bu süreçte kendini başarılı ya da başarısız hissetme. Bu senin başarı öykün değil. Bu çocuğunun tuvaletini yapmayı öğrenme serüveni. "Bak X annenin çocuğu bu alışkanlığı bir günde kazandı, seninki hâlâ yerleri suluyor" gibi düşünceleri beyninden uzaklaştır... Bu annelerin yarışı değil, bu çocuğun gelişimsel olarak atlaması gereken bir basamak. Hep yazdığım gibi, her çocuk farklı gelişir. Dolayısıyla her çocuk tuvalet alışkanlığını farklı şekillerde ve zamanlarda kazanır. Çocuğunu tanı. Bu süreci yarış ya da inat süreci haline getirme. Sen sabret, hoşgörülü ol ve inan. Bir bakmışsın "kakalar tuvalete, çişler tuvalete, sizin yavru yapmayı bırakmış altındaki beze"

Her çocuğun tuvalet alışkanlığını kazanma süreci farklı hikâyeleri içinde barındırır. Kazanım süresi ve nasıl kazanıldığı çocuktan çocuğa değişir. Bu nedenle çocuklarımızın bireysel özelliklerini düşünerek bu süreci planlamak gerekir. Kimi bir günde, kimi bir ayda, kimi üç ayda kazanır...

Unutma bu da diğerleri gibi bir süreç ve geçecek... Sadece sabır ve hoşgörü istiyor. Sakın bu süreçte çocuğunla inatlaşma. Ona sinirlenip kızma. Tuvalete yapsın diye zorla oturtma. Öğrenmeye çalışıyor, nasıl tutacağını, nasıl bırakacağını deneyimliyor. Seni duyuyorum, "tuvaletten kalkar kalkmaz altına yapıyor" diyorsun. Böyle böyle öğrenecek hiç panik yapma.

Komşunun çocuğu üç günde tuvalet alışkanlığını kazanmış olabilir, sakın kıyaslama. Unutma her çocuk kendi gelişim kitabını yazıyor. Sabret, ihtiyacın olan sadece sabır ve zaman... Korkma! Bu da bitecek ve hayat normal seyrine dönecek. Korkma alışacak!

Korkma!
oyna

Koza günün tamamını oyun oynayarak geçiriyordu. Hatta yemek yerken, tuvaletini yaparken, uykuya dalmak üzereyken bile oyun peşindeydi. Uzmanlar "oyun çocuğun işidir" diye boşa demiyorlardı. Başka işi gücü uğraşı yoktu tatlı yavrusunun. Ah bir de kendi başına oynasaydı... Koza iki buçuk yaşına gelmişti ama tek başına ancak on-on beş dakika oynuyordu. O da her gün değil. Hep Zara ile oyun oynamak istiyor, annesi yemek yaparken, evi toplarken sürekli ondan oyun istiyordu. Zara elinden geldiği kadar çocuğuyla oyun oynamaya çalışıyor, Koza uyuduğunda internette ve sosyal medyadaki oyun sayfalarını inceliyordu. Sosyal medyadaki bazı anneler sanki yemiyor içmiyor sürekli oyun oynuyorlardı. Onların sayfalarını hem beğenerek hem içten içe özenerek, bazen de gıcık olarak takip ediyordu Zara. Bu kadınlar bu oyunları nereden buluyordu? Hadi oyunları buluyorlar, zamanı nasıl yaratıyorlardı? Sahi çocukla günde kaç saat oynamak gerekirdi acaba? Kesin bu kadınların evde bir, hatta bir yetmez, en az iki yardımcısı vardı. Olsaydı Zara'nın evinde de bir "Katya", o da gece gündüz oynardı! Bir taraftan böyle düşünüyor bir taraftan da bu sayfalardan çok farklı oyunlar ve bilgiler öğreniyordu. Hatta Koza bu oyunların bazılarına bayılıyordu.

Aslında hamileyken hiç bu kadar oyun oynayacağını, oyun araştıracağını düşünmemişti. Çocuğun hayatının oyun olduğunun farkında değildi o zaman. Hayallerinde o yemek yaparken yere serdiği örtünün üzerinde uzun uzun oyunlar oynayan, tatlı mı tatlı bir minik vardı. Evet, hayallerindeki gibi tatlı mı tatlıydı, hatta daha da tatlıydı ama o örtünün üzerinde uzun uzun oynamak bir yana, örtünün altına girip Zara'yı da çağırıyordu! Soğanlar ocakta sararırken bir sofra bezinin altında Koza ile kimden saklandıklarını bilmeden saklambaç oynuyorlardı. "Ay soğanlar yanıyor" diye örtünün altından çıkınca Koza da "anne gel" diye arkasından sesleniyor, eteklerinden çekiştiriyordu. Yanan soğanlar Koza'nın hiç umurunda değildi!

İnsan çocuğuyla oyun oynamaktan sıkılır mıydı? Kendine bile zor itiraf etse de bazen çok sıkılıyordu Zara! Sahi bu çocuk ne zaman tek başına oyun oynamaya başlayacaktı? Yaşıtı çocuklarla birlikte de hiç oynamıyordu zaten. Ne zaman arkadaşlarıyla birlikte oyunlar kurabilecekti? Zara'nın kafası bu sorularla meşgulken ocağın üstündeki tencerede çıtırdayan soğanlar yine yandı...

....

Günümüzde çocuğun gelişiminde oyunun ne kadar önemli olduğu gerçeği biliniyor. Önemli olması bir yana, oyunun çocuğun dünyası olduğu artık herkes tarafından tartışmasız kabul edilen bir gerçek. Oyun deyince aklımıza hep kurallı oyunlar geliyor. Mesela en popülerlerinden maşayla ponpon tutma, eşleştirme yapma gibi... Aslında çocuklarımız gün içerisinde o kadar çok oyun oynuyorlar ki biz bunların oyun olduğunun bile farkına varmıyoruz. Unutmayalım çocuklarımız için her şey bir oyun. Özellikle materyal hazırlamadan, oyuncak almadan da çocuğunuzla bir sürü oyun oynuyorsunuz belki ama farkında değilsiniz. Örneğin sabah uyandığınızda nevresim takımındaki kelebekleri gösterip onlar hakkında konuşmak da oyun, boynunun altından öperek gıdıklamak, kovalamaca oynamak, fış fış kayıkçı, burnuna "biiiippp" yapmak da oyun. Hatta size yemek yedirmesi, su içirmesi, katladığınız çamaşırları dökmesi, hepsi oyun... Minicik ellerini yüzümüzde dolaştırması da bir oyun! Dışarıda kedilerin köpeklerin peşinden koşmak, hatta ve hatta "bugün dışarısı ne kadar soğuk" demeniz bile oyun! Hani bazı anneler "az mı oynuyorum acaba" diye soruyorlar ya. Merak etmeyin, çocuk buna fırsat vermez. Çünkü o hep oynuyor zaten, attığı adım bile oyun!

Elbette çocuklarımızın gelişimini desteklemek için materyaller hazırlayabiliriz, planlı oyunlar kurabiliriz. Bunların yavrumuzun gelişimine katkısı tartışılmaz ama her gün her gün orijinal bir oyun yaratmak mümkün mü sizce? Sizin yerinize cevap vereyim "hayır", zaten böyle bir zorunluluk da yok. Vaktimiz ve enerjimiz oldukça, çocuklarımız için araştıralım tabii. Onlar için okuyalım, oyunlar bulalım. Ama bunları yapmak için de yavrumuza ayırdığımız zamandan çalmayalım. On beş dakika keyifli oyun oynayacağız diye araştırma yaparken "anne ne olur yanıma" gel diyen çocuğumuza "bekle biraz, senin için oyun araştırıyorum" demeyelim. Yanına gidip yerde yuvarlanalım, gıdıklayalım. Emin olun bildiğiniz birçok oyundan daha çok keyif verecektir size. Zaten yapılan araştırmalar göstermiş ki boğuşma tarzı bu oyunlar çocuğumuzun gelişimini en çok destekleyenlerden. Hatta literatürde "rough and tumble play" olarak geçiyor, Türkçesi "itiş-kakış oyunları" Yapılan araştırmalar, özellikle çocuğun sosyal ve duygusal gelişiminde bu tip oyunların önemli rolü olduğunu göstermiş. Yabancı literatür "rough and tumble play" der, biz "hayde breee güreşeeliim" der yerlerde yuvarlanırız. Ve bunları yaparken "aman da çocuğumun sosyal duygusal gelişimini ne de güzel destekledim" diye düşünmeyiz. Eğlenceye odaklanırız. İşte en güzel oyunlar hem ebeveynin hem de çocuğun eğlenceye odaklandığı zaman ortaya çıkar. Ve biliyor musunuz, gelişim en güzel bu oyunlarla, farkına varmadan kendiliğinden desteklenir. Çünkü çocuk sevildiğini hisseder, ailesiyle keyifli zamanlar geçirmenin, bir bütünün parçası olmanın tadını çıkarır.

Oyunla ilgili kafanıza takılan bir sürü soru var biliyorum. Neden yalnız oynamıyor? Ne zaman arkadaşlarıyla birlikte oyunlar kuracak? Bir günde çocuğumla ne kadar oyun oynamalıyım? Neden oyun oynuyoruz? Hep anneyle oyun oynamaya çalışan çocukta tek başına oyun oynama davranışı gelişmez mi? Bunlar ilk aklıma gelenler. Şimdi bunları başlık başlık açıklayalım.

Neden Yalnız Oynamıyor?

Her annenin en büyük hayali, yalnız başına oyunlar kuran, kendi kendine saatlerce oyun oynayan bir çocuk! Tabii ki o günler de gelecek. Ama çocuğun buna gelişimsel olarak hazır olması gerekli. Malum üç yaşından önce annesiyle birlikte olmak en büyük ihtiyacı. Dolayısıyla tüm oyunlarda anne ve çocuk başrolde oluyor. Öylesine yapışık bir dönem. Yaşarken oflatıp puflatan, geride kalınca gözlerdeki buğuyla özlenen bir dönem...

Gelişimsel olarak bakmaya devam ettiğimizde yaklaşık üç yaş civarında on-on beş dakika tek başına oyun oynayabildiğini görüyoruz. Ama her zaman söylediğimiz gibi gelişimde bireysel farklar var. Kimisi bu yaşlarda bir saat oynar, kimisi beş dakika. Zamanla çocuğun tek başına geçirdiği süre uzar. Ve gün gelir "yalnız kalmak istiyorum anne" söylemiyle kendinizi kapının dışında bulursunuz.

Gelişimsel olarak hazır olmadığı halde çocukları yalnız oyun oynamayı öğrensin diye kendi işlerine yoğunlaşan, hatta bazen oynamayı öğrensin diye çocuklarını gözyaşları içerisinde bırakan ebeveynlere üzülerek şahit oluyorum. "İşim var, sen oyna" diyerek saatlerce telefonda konuşup "bak işte, ne güzel oynadın" diyen ebeveynleri görüyorum. Aslında burada siz telefonla konuşurken çocuk oynamıyor, kendisini oyalıyor. Yani aslında onun istediği sizinle oynamak ve bunu beklerken oyalanıyor. Ama oyalanırken de tabii ki yine oyunu seçiyor. Bazı çocuklar ise kendisini oyalayamıyor. Bu durumda ağlıyor ya da agresif davranışlar sergileyebiliyor. Bu, mizaç farklılıklarından kaynaklanıyor.

Peki, yalnız oynamadığı sıfır-üç yaş arasındaki dönemde ne yapalım? İşlerimize dâhil edelim. Yemek yaparken güvenli bir şekilde yanımızda oturtalım. Mutfak tezgâhımız müsaitse ve çocuğumuzu düşme konusunda kontrol altında tutabileceksek oturtalım. Salata yaparken elleriyle karıştırsın, kaşıkla yemeğe nohutları aktarsın, kek yaparken çırpsın, içine sütünü, yağını koysun, yemeğe tuzunu atsın, kurabiye yoğursun... İşte bunlar harika oyunlar. Mutfak zaten aslında başlı başına duyu gelişimini destekleyen bir oyun atölyesi bence! Çeşit çeşit kokular, dokular, problem çözme becerisini geliştirecek aktiviteler, küçük kasların gelişimini destekleyen oyunlar hep mutfaktan çıkıyor. Hem de anneler işlerini yapmış oluyorlar. Tamam, ilk başta iki kat daha zor oluyor çocukla yemek yapmak. Dökülüyor, saçılıyor! Her taraf un, yağ, şeker oluyor ama zamanla bu dökmeler azalıyor. Üstelik çocuğumuz da "ben anneme yardım ettim. Ben becerikliyim, başarılıyım" diye düşünüyor, kendine güveni pekişiyor.

Tabii bazı durumlarda çocukları mutfak aktivitelerimize dahil edemiyoruz. Örneğin kızartma yapacağız. Çocuğu tezgâha oturtamayız. O patlıcanlar, biberler çatır çutur kızarırken yavrumuza yağ sıçrayabilir sonuçta. O zaman ocaktan uzak bir köşede oyun kurabilirsiniz. Örneğin plastik bardakları üst üste nasıl dizeceğini ve topu yuvarlayarak nasıl yıkacağını gösterebilirsiniz. Tabii önce bardakları verirsiniz, belki de kendi kendine kule yapmayı keşfeder. O sırada siz bir parti kızartmayı bitirmiş olursunuz.

Tam bu noktada, yanlış bir algının varlığına değinmek istiyorum. Çocuğumuza her şeyi öğretmeye çalışıyoruz. Evet, oyun çocuğun hayatı ve oyun oynamayı bilerek doğmuyor. Yine de her şeyi öğretmeye çalışmamak lazım. Çocuğumuza yeni bir oyuncak aldığımızda "bak bu düğmeye basacaksın", "bak kedi, nasıl ses çıkarıyor kedi, bas buraya", "bak yavrum kırmızı, neredeymiş kırmızı" gibi öğretmeye yönelik davranışlarda bulunuyoruz. Oysaki çocuğumuz yeni bir nesne/oyuncakla karşı karşıya kaldığında, ona bu yeni oyuncağı keşfetmesi için zaman tanımalıyız. Bırakın istediği gibi oynasın. Yere vursun sesini dinlesin, ağzına alsın tadına baksın, evirsin çevirsin, farklı açılardan görünümüne baksın... Korkmaya gerek yok! Zamanla kendisi nasıl oynaması gerektiğini keşfedecek! Ona bu fırsatı tanıyarak hem yaratıcı düşünme becerisinin gelişimini destekleyeceğinizi hem de onun "yapabiliyorum" duygusunu pekiştirerek kendine güvenini artıracağınızı unutmayın. Bırakalım önce kendi keşfetsin. Kendi kendine öğrenmeyi öğrensin. Biz de bu arada bir parti kızartmayı daha tamamlayalım.

Örneğin bardaktan piramit yapmayı gösterdiniz, sonra piramidi topla yıktınız. Çocuğunuz görüş alanınızdayken beş-on dakika yalnız bırakıp oynamasına fırsat verebilirsiniz. Çağırınca hemen gidersiniz, bu şekilde kendi kendine oyun oynama yolunda küçük adımlar atmaya başlayacaktır.

Sözün özü, zamanı geldiğinde normal gelişim gösteren her çocuk elbette yalnız başına oyunlar kuracaktır. Yani çocuk yalnız oyun oynamıyor diye üzülmemek lazım. Gelişimsel olarak hangi dönemde olduğunu bilmek ve ona göre hareket etmek lazım. "Ücretsiz izin aldım hiç yanından ayrılmadım, ondan yalnız oyun kuramıyor, hep benimle oynadı, ondan böyle oldu" gibi düşünceleri aklınızdan uzaklaştırın ve bana inanın. Korkmayın! Gelişimsel olarak hazır olduğunda yalnız oynayacaktır.

Arkadaşlarıyla Ne Zaman Oynayacak?

"Neden arkadaşlarıyla oynamıyor? Bizim çocuk asosyal mi? Biz nasıl sosyal insanlarız, bu çocuk neden böyle oldu"

Panik yok! Normal gelişim gösteren her çocuk zamanla arkadaşlarıyla oynamaya başlar. Hatta arkadaşlarının yanından ayrılmak, oyuna ara vermek istemez. Hayal gibi mi? O zaman, hayallerin gerçek olacağına inanın...

İki yaş öncesinde oyun: Bu dönemde çocuklar tek başlarına oynarlar. Oyunlarında, oynadıkları materyale (oyuncak değil, materyal diyorum, çünkü kaşık, pipet, vb. her şeyle oynayabilirler) dokunmak, bu materyali ağzına almak, atmak, sallamak, sesini dinlemek normal davranışlardır. Bu onun oyunudur ve bu şekilde keşfeder. Eline aldığı her şeyi sallar, atar, ağzına götürür. Bunlar normaldir ve aslında oyundur. Bu şekilde dünyayı tanır. Yani yaramazlığından atmıyor! Oynamak, keşfetmek için atıyor. Bu dönem, adı üstünde "oral" dönem olduğu için her şeyi ağzına götürmesi de çok normal. Bir taraftan dişler kaşınıyor, bir taraftan da ağzına alarak keşfediyor. O halde bu dönemde boncuk, nohut, çiçek tohumu, leblebi gibi küçük nesnelere dikkat etmekte fayda var. Sadece ağızlarına almakla kalmıyor, minik burunlarına, şirin kulaklarına da sokuveriyorlar! Ama korkma yaramazlıktan değil, keşfetmek için yapıyorlar!

Sıfır-iki yaş döneminde çocuğumuzun yanına oturan bir başka çocukla arkadaşlık ilişkisi kurması, paylaşa paylaşa oynaması çok ütopik isteklerdir. Özellikle altı-on sekiz aylar arasında bulunan bebekler için yanında oturan bir başka çocuğun, önündeki oyuncaktan farkı yoktur. O yüzden onu itebilir, çimdikleyebilir, ağzına almaya bile çalışabilir. Bunlar bebeğiniz asosyal olduğu için değil, normal gelişimsel süreçteki keşif davranışının ürünü olarak ortaya çıkar. Tabii bırakın ısırsın diyemeyeceğim! Elbette ki başka çocuklara zarar vermenin doğru olmadığını göstereceğiz. Hatta anneler bu dönemde "hadi cici yapalım" diye severler ya işte, böyle böyle sevmeyi göstereceğiz. Ama kızmayacağız, bağırmayacağız, "yaramaz" diye etiketlemeyeceğiz ve asosyal olacak diye korkmayacağız anlaştık mı?

Peki, bu dönemin en güzel oyuncağı nedir bilin bakalım? İtmeli çekmeli oyuncaklar mı? Farklı dokuları içinde barındıran kitaplar mı? Çıngıraklar mı? Diş kaşıyıcılar mı? Elbette bu yazdıklarımın hepsi bu yaş dönemi için güzel oyuncaklar ama en en en güzeli bunlar değil. Ne mi? Anne! Evet, bu yaş döneminin en güzel oyuncağı annedir. Çocuğun kaygılarından arınması, kendini güvende hissetmesi, duygusal olarak rahatlaması ve güven duygusu içinde keşiflerine devam etmesi için en çok anneye ihtiyaç duyar. "Bu çocuğun elinde oyuncak oldum" diyorsunuz ya bazen, haklısınız oldunuz ama bu çocuğunuzun gelişimini öyle olumlu etkiliyor ki...

Bazı anneler "hep anneyle oynarsa kendi kendine oynamayı öğrenmez" diye endişeye kapılıyor. Ama sıfır-üç yaş arasında çocuğun hep anneyle oynamak istemesi çok normal. Gelişimsel süreç içerisinde bu durum elbette ki değişecek. Ama ilk üç yıl korkmayın, oynayın.

İki-üç yaş arasında oyun: Bu dönemde çocuklar tıpkı televizyon izler gibi diğer çocukları izlerler. Çocuğunuzu parka götürürsünüz, dikkatle diğer çocukları izler fakat onlara katılmaz. Hatta araya mutlaka mesafe koyar ama pür dikkat izler. Diğer çocuklar nasıl oyun oynuyor, nasıl tırmanıyor, nasıl konuşuyor gözlemler ve bu gözlemlerini ileride kullanmak üzere kaydeder. Bu dönemdeki çocuklarımız için "çekingen bu", "yabani", "asosyal" gibi etiketler kullanmayalım. Çünkü gözlem evresinde. Uzakta kalması, diğer çocuklara katılmaması normal gelişimsel sürecin bir parçası. Düğünde kızlarını oynamak için piste sürükleyen anneler gibi "hadi git onlarla oyna" diye çocuğunuza çok baskı yapmayın. Diğer çocukların yanına gitmeyi teklif edebilirsiniz tabii ama istemezse bırakın rahatça gözlemlesin. Çok yakında bu gördüklerini taklit edecek.

Üç-dört yaş arasında oyun: Bu dönemde çocuğumuz diğer çocuklarla yan yana oynar. Ama herhangi bir paylaşım söz konusu değildir. Sadece aynı mekânı paylaşırlar. Sosyal iletişim ya hiç kurulmaz ya da yok denecek kadar azdır. Herkes yan yana kendi oyununu, oyuncağını oynar. Bu oyun ve oyuncaklarda ortaklık yoktur. Yani biri bebeğiyle oynarken diğeri arabasıyla oynar. Herkes kendi dünyasında ama aynı ortamda oyunlarını oynamaya devam eder. Aslında ebeveynler bu dönemde çocukların birlikte oynadığını düşünebilirler ama ortada birlikte oynanan bir oyun yoktur. Sadece yan yana bulunup paralel oyun oynarlar hepsi bu. Bu durum gelişimsel olarak normal bir basamaktır. İki yaşında sadece diğer çocukları gözlemleyen çocuğumuz, artık diğer çocuklara biraz daha yaklaşmıştır.

Dört-beş yaş arasında oyun: Müjdeee, müjdee! Artık çocuğumuz arkadaşlarıyla oynamaya başlıyor. Hatta zaman zaman iş birliği yaptığını bile gözlemliyoruz. Bir hayalin gerçek olması böyle bir şey işte! Hatta bu dönemde grup olarak da oynayabilir, oyun materyallerini paylaşabilirler.

Bu dönem oyununun en büyük özelliklerinden birisi "sembolik oyun" yani -mış gibi oyunlardır. Aslında -mış gibi oyunlar iki yaşından sonra başlarlar. Üç yaşından sonra yoğunluk kazanır ve literatür ortalama yedi yaşına kadar devam eder dese de bence sembolik oyun ömür boyu devam eder; -mış gibi oyunlar, -mış gibi hayatlar ne çok çevremizde değil mi? Neyse konumuz çocuk, fazla dağıtmadan geri dönüyorum. Bu dönemde çocuk yalancıktan yemek yer, at olur koşar, elindeki boruyu büker güneş olur, büker top olur. Geçin bir çocuğun karşısına. Elinizde top yokken "sana topu atıyorum, tut" deyin coşkuyla! Emin olun, o aslında olmayan hayali topu tutacaktır. Daha tutmayanını görmedim ben. Bu sembolik oyunlar sayesinde günlük yaşamda gördüklerini taklit etmeye başlarlar. Bebeklerine banyo yaptırırlar, yemek yaparlar, araba kullanırlar, köpek beslerler, kaydıraktan kayar gibi yaparlar. Bu onlar için hayatın bir provasıdır. Hayatı oyunlarında yaşarlar!

Dört yaş sonrasında oyun: Hiç tek başına ya da arkadaşlarıyla oynamayacak sandığımız çocuğumuz bu evrede artık arkadaşlarıyla oynamakla kalmıyor, kurallı oyunlar oynuyor. Kurdukları oyunların artık bir amacı var. Oyunlarında iş birliği yapıyor, rol dağılımında üzerine düşen görevi gerçekleştiriyor. Arkadaşlarıyla birlikte hareket ederek oyun kuruyor. Ne harika değil mi?

Peki, siz ne mi yapıyorsunuz? O özlemini çektiğiniz sıcak kahveyi içmenin zamanı geldi artık. Çocuk kahkahaları eşliğinde, afiyet olsun...

Çocuğumla ne kadar oynamalıyım?

Bir düşünelim, ne kadar oynamalıyız acaba? Beş saat! Çok mu, o zaman hadi üç olsun! Şaka şaka! Sakın ciddiye alma!

Ebeveynlerin en çok zihnini meşgul eden sorulardan bir tanesi de çocuklarıyla ne kadar oyun oynamaları gerektiği. Aslında bunun kesin, kanun gibi net bir cevabı yok. Şimdi burada bir saat desem, bir saat dolduğunda çocuk "anne ne olur biraz daha oynayalım" derken "olmaz yavrum uzmanlar bir saat diyor, sana ayrılan sürenin sonuna geldik" demeyeceğiz herhalde. Ya da diyelim ki çocuk sıkıldı "anne oynamak istemiyorum artık diyor", siz "olmaz, bir saati daha tamamlamadık, on dakika daha oynayacağız. Şimdi ben köpek oluyorum, sen kedi, hadi hadi" diye çocuğumuzu zorlayacak halimiz de yok!

Her çocuğun, her ailenin yapısı, imkânları, ihtiyaçları bambaşka. Dolayısıyla çocuğunuzu ve sizi tatmin edecek süreyi siz belirleyeceksiniz. Aslında oyun oynarken bu süre kendiliğinden şekilleniveriyor! Bir gün iki saat oynuyorsunuz, bir gün kırk beş dakika mesela. Oyunun doğasında spontanlık vardır. Dolayısıyla süreler de değişkenlik gösterir.

Bu noktada aslında önemli olan süre değil niteliktir. Televizyon açık, bir taraftan dizimizi izlemeye çalışırken bir taraftan da oyun oynamaya çalıştığımızda çocuğumuzla nitelikli bir zaman dilimi geçirdiğimiz söylenemez. "Anne hadi, anne şimdi vız de, anne vız de! Anne vızzz" Anne duymuyor ki, dizi en heyecanlı yerinde!

Çocuğumuzla ne oynarsak oynayalım odak noktamız çocuğumuz olsun. Diğer uyarıcılara gözünüzü, kulağınızı, zihninizi kapatın. Çocuğunuza odaklanın. Kırk beş dakika bir saat nitelikli geçirilen zaman, bazen gün boyu evde birlikte olmaya bedel olabilir.

Neden oyun oynuyoruz?

Çocuklarımız için oyun oynamak yemek kadar, su kadar elzem. Sürekli oyun oynamak istiyorlar değil mi? Biz de onlarla bir sürü oyun oynuyoruz. Aslında, çocuklarımız kendilerini bu oyunlar sayesinde ifade ediyor, duygu ve düşüncelerini ortaya koyuyorlar. İşte "oyun terapisi" de günümüzde bu nedenle o kadar yaygınlaştı. Çocuk oyun sırasında kendisini saklamıyor, içindeki tüm duygu yoğunluğunu, onu strese sokan, mutlu eden, üzen her şeyi ortaya koyuyor. Fakat biz ebeveynlerin çocuklarımızla asıl oynama nedenimiz onların yanında olduğumuzu, onlara destek verdiğimizi, onlarla birlikte olmaktan keyif duyduğumuzu hissettirebilmek. Anılarında güzel izler bırakabilmek. Çocuğumuz yetişkin olduğunda, "hiç unutmam, bir gün annemle salon minderlerinden gemi yapmıştık ama minder patlayıp her yer yün olmuştu. Annem 'gemimiz battı haydi denize atlayalım' diyerek yünlerin içine atlamıştı. Ne deli kadındı şu annem" dese fena mı olur yani?

Mutlu, özgüveni yüksek, sorumluluk sahibi bireyler yetiştirmek istiyoruz. Bunun formülü fikirlerine saygı duyarak çocuğumuzun da kendine özgü davranışları olabileceğini kabul etmekten geçiyor. Bunu hissettirmenin yolu ise oyundan geçiyor. Çocuğu karşınıza oturtup "fikirlerine saygı duyuyorum, sen saygı duyulacak bir varlıksın" demek ne kadar etkili olur tartışılır; oyun içinde bunu hissettirmenin yerini ise hiçbir kelime, cümle alamaz. Çünkü bazı duygular hissettirilir. İşte oyun da bu duyguları hissettirmenin en sihirli yoludur.

"Çocuğumun zekâsı gelişsin, aman en zeki çocuk benimki olsun, okulları birincilikle bitirsin, burslar kazansın" diye oyun oynanmaz. Mutlu olsun, özgüveni yüksek olsun, onu sevdiğimi değer verdiğimi hissetsin diye oynanır.

Ayrıca zekâ, gelişimin sadece bir yönü. Evet, renkleri, sayıları, şekilleri öğrensin ama günaydın demeyi, sırasını beklemeyi, rica etmeyi, çatal kaşık kullanmayı, elini yıkamayı/kurulamayı, kıyafetlerini giymeyi, ayakkabısını bağlamayı, kalem tutmayı, merdiven inip çıkmayı da öğrensin. İşte bütün bunları oyunla öğretiyoruz çocuklarımıza.

Sana bir sır vereyim mi? Nasıl bir oyun oynarsan oyna çocuğunun gelişimi desteklenecek zaten. Sen çocuğunla oyna, onunla nitelikli vakit geçir yeter. Korkma! Oyna.

Korkma!
Teknolojiye
Sınır Koy

Günler Koza ile hem büyük bir hız hem de büyük bir yavaşlık içinde geçiyordu! Hiç bitmeyecek sanılan zorlu günlerin nasıl da hızla geride kaldığına şaşırıyordu Zara. Son günlerde ise kafasını bir soru çok meşgul ediyordu.

Zara zamanının büyük bir kısmını kızıyla oynamaya ayırmasına rağmen, Koza şu sıralar telefona ve babasının elinden bir türlü düşmeyen tablete merak salmıştı. Zara ne zaman telefonu eline alsa, küçük kız annesinin elinden telefonu hemen kapıyordu. İşin ilginç yanı, henüz iki buçuk yaşında olmasına ve Zara ona telefonu açmayı öğretmemiş olmasına rağmen, eline aldığı gibi hemen telefonu açıveriyordu. Sayfalarda geziniyor, uygulamaları açıyordu. Daha bu kadar mini miniyken bütün bunu nasıl öğrenmişti? Çok mu zekiydi acaba? Akşamları ise babasıyla tablete yüklediği oyunları oynuyorlardı. Yap-boz, renkleri, sayıları tanıma gibi çocuğunun zekâsını geliştireceğini varsaydığı oyunlar yüklemişti babası. İşin ilginç yanı on iki parçalı yapbozları öyle kolay yapıyordu ki! Bu normal miydi acaba?

Günden güne Koza'nın televizyona olan ilgisi de artıyordu. Aslında televizyonda eğitici düzeyi çok yüksek çizgi filmler olduğunu düşünüyorlardı. Renkleri, şekilleri, sayıları öğreten bu çizgi filmlerin, çocuğun gelişimine zararı olur muydu acaba? Günde toplam kaç saat televizyon izletmeliydi? Yoksa izletmemeli miydi?

Birden aklına, Koza yürümedi diye endişelenip gittiği çocuk gelişim uzmanı geldi. O zaman kendisini çok büyük bir güler yüzle karşılamış, sabırla bütün sorularını yanıtlamıştı. Aslında o çocuk gelişimi uzmanı üç yaşına kadar, altı ayda bir rutin gelişim takibine gelmelerinin iyi olacağını söylemişti. Ama Zara çocuğunun gelişiminde herhangi bir problem olmadığını düşündüğü için gitmemişti. Tam bir yıl sonra tekrar gitse aklına takılan bu soruları yanıtlar mıydı acaba? Adı neydi ki? Böyle çıtı pıtı, çok tatlı bir kadındı. Zihnini çok zorladı ama adını bir türlü hatırlayamadı. Kararını vermişti artık. Ertesi gün kahvaltıdan sonra Koza'yı güzelce hazırladı, bir taksi çağırdı ve hastanenin yolunu tuttu.

....

Çağımızın en büyük şansı mı yoksa şansızlığı mı demeliyim bilmiyorum gerçekten. Tek bildiğim akıllı telefonlarımız olmadan artık kendimizi eksik hissettiğimiz. Artık telefonu geçtim, cebimizde internet olmayınca huzursuz oluyoruz. Sanırım birçoğumuz bağımlılığın eşiğindeyiz.

Hâl böyle olunca çocuklarımızın telefona, tablete, televizyona inanılmaz bir ilgisi var. Bizim elimizde sürekli telefon/tablet gördüklerinde, bizim o ekranlara bakarken güldüğümüzü, kızdığımızı fark ettiklerinde "acaba ne var o ekranda" diye merak etmemeleri beklenemez.

Günümüzde her çocuk tablete, telefona ve televizyon kumandasına çok düşkün! "Ay bizimkinin bunlara hiç ilgisi yok" diyen ebeveyn henüz görmedim maalesef! Temel çözüm ne biliyor musunuz? Televizyonu açmamak, bilgisayarı açmamak, tableti ve telefonu elimize almamak! Peki, soruyorum size, bu mümkün mü?

Araştırmalar bebeklik dönemi olarak isimlendirilen sıfır-üç yaş arası dönemde, çocukların bu teknolojik araçlardan uzak tutulması gerektiğini, üç-altı yaşlarında ise günde sadece on üç-yirmi dakika bilgisayar/tablet benzeri araçlara izin verilmesi gerektiğini yazıyorlar. "Biraz az değil mi" dediğinizi duyar gibiyim. Ama yine araştırmalar diyor ki çocuklarınızı erken çocukluk döneminde çok fazla teknolojinin esiri yapıp bunları "elektronik bakıcı" olarak kullanırsanız, ilerde çocuklarınızda sosyal uyum problemleri, dikkat eksikliği, odaklanma problemleri, postür problemleri görebilirsiniz.

Sıfır-iki yaş öyle kritik bir dönem ki bu dönemi televizyonla heba etmeyin! Özellikle dil gelişimini olumsuz etkilediğine dair birçok yayın var. Tablet/bilgisayar gibi teknolojik araçlardan uzak tutun. Onların yaydığı elektromanyetik alan bile çocuğun gelişimi için olumsuz bir ortam oluşturur. Bu dönemde çocukların zihinsel gelişimleri açısından üç boyutlu nesnelerle oynamaya, onlara dokunmaya, keşfetmeye ihtiyaçları var. Ekranlar ise malum iki boyutlu.

Üç-altı yaşlar arasında on üç-yirmi dakika ile bilgisayar/tablet kullanımını kısıtlayın. Aksi takdirde okula başladığında bilgisayarlardaki renkli ve sürekli değişen görüntülere alışan çocuğunuz, geleneksel öğretim sistemi içinde öğrenme ve odaklanma problemi yaşayabilir. Çünkü hiçbir öğretmen, daldan sarkan bir maymun gibi şarkı söyleyip rakamları öğretmeyecektir.

Durun hemen panik yapmayın! "Eyvah bugün tam yarım saat tabletle oynadı, ne olacak şimdi" diye endişelere kapıldığınızı ta buradan hissediyorum. Çocukların gelişimi ve psikolojileri bu kadar da pamuk ipliğine bağlı değildir. Üst üste hep aynı durumla yoğun bir şekilde karşılaşırlarsa gelişim olumsuz etkilenebilir. On dakika reklam izledi diye çocuklar otistik olmaz. Ya da on beş dakika tablette oyun oynadı diye (oyunun niteliği önemli) sosyal uyum problemi yaşamaz. Ama siz ne kadar yasaklarsanız, o kadar tatlı gelir. Sınırlar olmalı ama esnekliği de olmalı. Ne saatlerce teknoloji esiri olsunlar ne de uzak kalsınlar.

Süre konusunda ise kendi yaptığım bir araştırma yok, ben başka araştırmacıların yalancısıyım! Ama unutulmaması gereken en önemli nokta, çocukları elektronik oyunlara alıştırıp açık hava aktivitelerinden, birlikte oynanan oyunlardan, keyifle yapılan etkinliklerden uzaklaştırmamak. Tablet asla ve asla parkta oynamanın önüne geçmemeli; tercih etmesi gerektiğinde parkı seçen çocuklarımız olmalı...

Evet, tabletler çok eğlenceli ve eğlenirken öğreten bir sürü uygulama var. Asla ve asla karşı değilim! Ama çocukların tüm zihnini ele geçirecek kadar maruz bırakılmaması gerektiği de bir gerçek. Artık bilgisayar çağındayız. Çocuklarımızı bu teknolojik araçlardan ne kadar uzak tutabiliriz ki? Ama onlar tablet/bilgisayar başındayken mutlaka yanlarında olalım. Nasıl ki minicik çocuklarımızı başıboş sokağa bırakmıyoruz, sanal ortamlarda da asla yalnız bırakmayalım! Bir "tık"la pornografik görüntülere maruz kalmaları hiç zor değil! Ya da tabletinize tanımladığınız kredi kartı şifrenizle oynadığı oyundaki tavşana binlerce havuç alabilir. Mutfak masrafı çok kabarır ona göre!

Bir gün kuaförüm saçımı yaparken bir taraftan da telefonla konuşuyordu. "Hanımefendi, Göktuğ dediğiniz daha altı yaşında, nasıl hisse senedi alır" dediğini duydum. Benim kuaförün oğlu internette başıboş gezinirken bilgisayara tanımlı kredi kartıyla hisse senedi alıyor! Çocuk daha okuma yazma bilmiyor; bir düşünün tehlikenin boyutunu! İnternette kimlerle karşılaşabileceğini, nelerin olabileceğini...

Allah hepimizin yavrusunu korusun. Ama işi Allah'a havale etmeden önce biz yavrularımız koruyalım ve onları asla sanal ortamlara kolayca ulaşabilecekleri durumlarda yalnız bırakmayalım. Zararsız bir oyunla oynadığını düşünürken birden görmesini istemediğimiz bir görüntü açılabilir. Ya da birden video paylaşım sitelerinde gezintiye başlayabilir. Bu sitelerle ne tip görüntülerle karşılaşabileceğini bir düşünün lütfen. O nedenle çocuklarımızın elinin altında internet varken biz de çorbanın taşmaması için ocağın başında değil, çocuğumuzun yanı başında olalım.

Nasıl sınır koyacağım?

Tamam, tableti on beş dakika verelim ama nasıl? Zaten çocuğumuzu üç-dört yaşından sonra bu teknolojik araçlarla tanıştırdığımız için ona saati gösterip "saat buraya gelene kadar oynayabilirsin" diyebiliriz. Eğer bu kurala uymuyor ya da uysa bile günün geri kalan kısmını hep bir tablet hasretiyle geçiriyor ve oynadığı diğer oyunlardan keyif almıyorsa tableti kaldırın. Ama siz de hiç elinize almamak üzere kaldırın. Siz gün boyu tablette, telefonda vakit geçirirseniz çocuğunuza zararlı olduğunu anlatamazsınız. Eee ne demiş büyüklerimiz "görgülü kuşlar gördüğünü işler" Yani çocuklar model alarak öğrenir. Modellerinin elinde bu teknolojik araçları ne kadar az görürlerse o kadar az isterler.

Zekâ belirtisi mi?

Hikâyemizin kahramanı sevgili Zara gibi, çocuk küçük yaşta telefonu açabiliyor, uygulamaları bulabiliyor diye onu yetenekli zanneden aileler var. Bu bir yetenek değildir. Çocuk annesi, babası ya da çevresindeki diğer yetişkinler kullanırken görmüş ve hemen öğrenmiştir. Tablette on iki parçalık yapbozu hemen yapabilir. Çünkü parçaları kaydırınca bu parçalar anında doğru yere oturmaktadır. Önemli olan gerçek on iki parçalık yap-bozu ince motor becerilerini kullanarak girintilerine çıkıntılarına dikkat ederek uygun yere yerleştirmektir.

ABD'de yapılan bir araştırmada Dr. Dimitri Christakis, sekiz-on dört aylık çocukların DVD seyrederken ve bloklarla oynarken beyin aktivitelerini karşılaştırmış. Sonuç ne biliyor musunuz? DVD seyredenlerin beyin gelişimini destekleyen hormonlarda bir buçuk kez azalma olmuş. Yani ebeveynlerin zihinsel gelişimi desteklediğini düşündüğü, hani o renkleri, şekilleri, sayıları öğreten çizgi filmlerin bile tam tersi etkisi var.

Telefonu nasıl sınırlayacağım?

"Telefonumu zorla elimden alıyor ve hemen oyunlarını açıyor ne yapacağım" diye soran ebeveynler var. Cevap basit. Telefondaki bütün oyunları silin. Eğer telefonda onu cezbeden hiçbir uygulama kalmazsa telefonu eline alması için de bir neden kalmaz. Eline alır hava durumuna, navigasyona bakar ve beş dakika sonra geri verir. "Peki, video paylaşım siteleri ne olacak" Sizin kontrolünüzde süreye dikkat ederek izleyebilir. Ama telefon kontrolünüzden çıkıyorsa silin. Silinmiyorsa da bir klasörün içine saklayın. Klasöre de şifre koyun.

Sonuç olarak:

Çocuklar zihinsel süreçlerindeki özelliklerden dolayı izlediklerini biz yetişkinler gibi algılayamamakta ve yetişkinlerden farklı şekilde etkilenmektedir. Çocuklar kurmaca-gerçek arasındaki farkı yetişkinler kadar kolay algılayamazlar. Dolayısıyla birçok açıdan çocuklar televizyon karşısında yetişkinlere oranla daha korunmasız durumdadırlar. Ayrıca medyada, şiddet uygulayan karakterlerin sempatik, bitmeyen güce sahip kahramanlar olarak gösterilmesi çocukların bu kahramanlara özenmesine neden olmaktadır. Geçmiş yıllarda hepimiz haberlerde dört yaşındaki bir çocuğun izlediği bir çizgi filmden etkilenerek uçmak için yedinci kattan atladığını gözyaşlarıyla izlemiştik değil mi?

Tablet ve telefonun, çocukların zihinsel gelişimden tutun da motor gelişimine kadar olumsuz etkilediği yönünde birçok araştırma bulunmaktadır. Tüm yapılan çalışmaların ışığında özetlersek;

- Sıfır-üç yaş arasındaki çocuklar ekranlardan uzak tutulmadır.
- Bir çocuk üç-dört yaşından sonra günde on-on beş dakika tablette oyun oynayabilir. En fazla kırk beş dakika televizyon izleyebilir. Günde toplam bir saati geçmemesi ideal olandır.
- Yedi yaş sonrasında ise ekrana maruz kaldığı süre en fazla bir buçuk-iki saat olmalıdır.

En önemlisi ailecek geçirilecek keyifli vakitlerdir. Hiçbir tablet oyunu ya da televizyon programı bunun önüne geçmemelidir. O halde çocuğunuzun sağlıklı gelişimi için korkmayın, sınırlayın!

Korkma!
Artık Okullu Oldu

"Acaba gerçekten büyüdükçe dertleri de büyüyor mu?" diye düşündü Zara. Aslında tam olarak böyle düşünmüyordu, yaşadığı sıkıntılar zaman geçtikçe kolaylaşırken yeni sıkıntılar çıkıyordu karşısına. Evet, bazen kural koymak, öfke nöbetleriyle baş etmek zor olsa da çocuğunun kendini günden güne daha iyi ifade etmesinin aralarındaki iletişimi güçlendirdiğini düşünüyordu. İletişimleri açık ve güvene dayalı oldukça, hiçbir şeyin zor olmayacağına inanıyordu Zara. Fakat kızının okula başlama süreci gözünde öyle büyüyordu ki! Koza artık üç yaşını doldurmuştu. Kızına bu yaşına kadar evde anneannesi bakmıştı. İşe giderken gözü hiç arkada kalmıyor, annesinin varlığıyla tüm işlerini rahatça hallediyordu. Ama son dönemde Koza'nın arkadaşa olan ihtiyacı artmıştı. Artık sadece iyi bir bakıma değil sosyalleşmeye de ihtiyacı vardı. Sadece anneanne çocuğuna yetemiyordu. Koza evde enerjisini bir türlü atamıyor, hatta bazen bu nedenle hırçınlaşıyordu. Televizyon karşısında geçirdiği süre de artmıştı. Zara bu duruma çok üzülüp annesine söylediğinde "Ne yapayım kızım, zorla açtırıyor. Ben açmazsam kumandayı alıp kendisi açıyor! Zaten çok izlemiyor ki abartma" diyordu.

Koza parka gittikleri zaman çocukların yanından ayrılmak istemiyordu. Çocuklarla öyle güzel vakit geçiriyordu ki. Onu parklarda, oyun alanlarında gözlemlerken "çocuğa çocuk gerek" diye düşünüyordu Zara. Nasıl da eğleniyor, keyifli vakit geçiriyordu. İçten içe hissediyordu. Kızı artık okula başlamaya hazırdı. Hissediyordu hissetmesine ama kaygıları peşini bir türlü bırakmıyordu. Zara'ya iyi bir okul nereden bulacaktı? Tavsiye edilen okullara gidecekti ama kavun değildi ki koklasındı. Okul seçerken nelere dikkat etmesi gerekiyordu acaba? Kimse "yoğurdum ekşi" demezdi elbet. Doğruyla yanlışı nasıl ayırt edecekti?

Ayrıca Koza uyum sağlayabilecek miydi acaba? Ne de olsa yıllardır el bebek gül bebek bakılıyordu. Okula başladığında çok ağlarsa Zara buna dayanabilecek miydi? Ya diğer çocuklar? Kızını itip kakarlarsa, zorbaca davranırlarsa Koza bir başına ne yapardı okulda?

Zara cuma günü işten izin almış, kızına okul bakmaya gidecekti. Çağırdığı taksinin gelmesini beklerken "en zor aşamalardan birisi bu herhalde" diye düşündü. Memeden kesmek zordu, tuvalet alışkanlığı kazandırmak zordu, işe geri dönmek zordu evet ama sanki en zoru okula başlatmak gibi geliyordu şimdi. "Belki de diğer dönemler geride kaldığı için böyle düşünüyorum" diye geçirdi içinden. İşte bu düşünceler içinde önünde duran taksiye bindi ve adresi söyledi.

....

Çocuğu okula başlatmak hem aile hem de çocuk için gerçekten bir dönüm noktası. Çocuğun sosyal hayata attığı ilk bağımsız adımlar diyebiliriz okula başlama sürecine. Aile içinse artık çocuğunun kendinden bağımsız bir hayatının başladığını kabul etme süreci başlıyor.

Peki, çocuk okula ne zaman başlasın? Kreşe mi gitsin evde mi bakılsın? Anneanne/babaanne mi baksın, üç dil bilen bakıcı mı bulunsun?

"Korkma! Güvenli Bağlanıyor" bölümünde de değindiğim gibi, bebeğin hayatının özellikle ilk iki yılı kritik bir önem taşıyor. Ayrıca bu dönemde bakımının sevgi dolu bir ortamda, tam ve zamanında gerçekleşmesi gerekiyor ki bebeğimiz hayata güven duygusuyla bağlanabilsin. Eğer anne işe başlamak zorundaysa ilk tercihimiz bebeğin alıştığı ortamda, kendi düzeni içerisinde yani kendi evinde bakılması. Bebeğe bakacak olan kişinin ise anne işe başlamadan, anneyle birlikte bebeğin bakımında rol almaya başlaması gerekiyor. Böylece tatlı bebeğimiz, aşama aşama bakım verecek yeni kişiye alışıyor. Peki, bu kişi kim olsun? Üzgünüm ama bu kişinin kim olacağına maalesef kimse sizin yerinize karar veremez. Kime bebeğinizin bakımında en çok güveniyorsanız, kimin bebeğinizi sevgi, şefkat, güven ve huzur dolu bir ortamda büyütebileceğine inanıyorsanız o kişiyi tercih etmeniz gerekiyor. İki dil ya da çok değişik oyunlar bilmesi gibi değişkenler değil önemli olan. Önemli olan sevmesi, bu sevgiyi hissettirmesi ve bebeğimizin ihtiyaçlarını tam olarak karşılaması.

Bebek bakımında önemli bir diğer nokta ise bebeğe bakım verecek kişinin sürekli değişmemesi. Mümkünse anne işe gittiğinde bebeğin hep aynı kişiyle birlikte kalması önemli. Bebek bağlanma döneminde olduğu için bakan kişinin sürekli değişmesinin temel güven duygusuna zarar verebileceği düşünülüyor.

Diyelim ki bakacak kimseniz yok. Anneniz, kayınvalideniz uzakta. Bakıcılara güvenemiyorsunuz. O halde tek çözümünüz kalıyor kreşe vermek. Asında iyi ve güvenilir bir kreş bulduğunuzda, bu sandığınız kadar ürkütücü bir durum değildir. Hatta belki de tanımadığınız bir insanla bebeğinizi evde bırakmaktan daha güvenilir bile olabilir.

Bu noktada kreş, anaokulu ve anasınıfı kavramlarına açıklık getirmek istiyorum. Kreş sadece bebekler için olan kurumlara verilen isimdir. Kreşlerde altı-otuz altı ay aralığında yer alan bebekler bulunur. Anaokullarına ise otuz altı-altmış altı ay aralığındaki çocuklar devam eder. Anasınıfı ise devlet okullarının ya da kolejlerin bünyesinde bulunan yarı zamanlı ya da tam zamanlı eğitim veren sınıflardır. Kavram karmaşasını önlediğimize göre konumuza geri dönelim.

Kreşe verirken bence dikkat edilmesi gereken en önemli nokta öğretmen başına düşen bebek sayısıdır. Öğretmen başına üç-dört bebekten fazla düşüyorsa bakım ister istemez aksayacaktır. Hijyen elbette önemlidir ama bunun yanında mama mutfağının, uyku için ve alt açmak için ayrı odaların olup olmaması dikkat edilmesi gereken ayrıntılardır. Bir de konu bebek bakımı olunca öğretmenin bebeklerle olan deneyimi de son derece önemlidir. Kreşlerde bir hemşirenin ya da doktorun olması tercih nedenidir. Söz konusu küçük bebekler olduğunda çok sık ateşli hastalıklara yakalanmakta, küçük cisimleri boğazlarına, burunlarına, kulaklarına kaçırabilmektedirler. Bu nedenle acil müdahaleyi yapabilecek uzman bir kişinin olması son derece önemlidir.

Çocuğumuz anaokuluna ne zaman başlamalıdır?

Ortalama üç yaş civarında çocuğumuz artık okula başlamaya hazırdır. Sözel olarak kendisini ifade etmeye başlamış, tuvalet alışkanlığını kazanmış ve arkadaşa olan ihtiyacı artmıştır. Bu dönem çocuğunun sosyal ortamlara ve akranlara ihtiyacı vardır. Çocuklarımız bizim öğretmeye çalışıp da bir türlü öğretemediğimiz birçok beceriyi akranlarından kolaylıkla öğrenirler. Kalem tutmak, tek ayak üzerinde durmak, sebze yemek, yemekten önce elini yıkamak ve bunlar gibi daha birçok beceriyi ve alışkanlığı akran etkisiyle kolaylıkla kazanırlar.

Anaokulu seçerken nelere dikkat etmeliyiz?

Ben anaokullarına gittiğimde ilk olarak sınıflardan yükselen seslere dikkat ederim. Neşeli çocuk sesleri mi geliyor? Yoksa hükmedici öğretmen sesleri mi? Çocuklar mutlu mu? Personelin yüzü gülüyor mu? İlk dikkat ettiğim özelliklerdir. Bir de biraz kişisel bir ölçüt olacak ama yemek kokuyor mu? Yıllarca anaokullarında stajyer denetlemiş biri olarak, okula ilk girdiğimde beni karşılayan kavrulmuş soğan kokusuna karışmış ter kokusundan hiç hoşlanmadığımı belirtmek isterim. Okulun havalandırmasının çok iyi olması gerekiyor bence. Şimdi bu satırları yazarken bile bazı okulların kokusu geldi burnuma. Koku hafızası diye bir şey var değil mi? Çocuğum ilkokul yıllarını neden soğan kokusuyla hatırlasın? Tabii bu çok ince bir detay oldu!

Bir okulda çok farklı eğitim modelleri uyguluyor olabilirler. Montessori, Reggio Emilio, Waldorf ve daha birçok yaklaşımı uyguladıklarını iddia edebilirler. Gerçekten uyguluyor da olabilirler. Tüm yaklaşımlardan kendilerine özgü yeni bir eğitim yaklaşımı benimsemiş olabilirler. İngilizce, satranç, piyano, bale, yoga öğretiyor olabilirler. Evet, bunlar önemlidir ama asıl önemli olan öğretmendir. Öğretmenin yaptığı işi sevmesi, öneminin farkında olması, her çocuğun biricikliğinden yola çıkarak hepsinin özelliklerine uygun davranması öyle önemlidir ki. Maalesef işini pek de sevmediği halde, sırf para kazanmak için öğretmenlik yapan birçok anaokulu öğretmeni tanıdım. Şanslıyım ki bu meslek için yaratılmış olduğunu düşündüklerimle de karşılaştım. Meslek yaşantımda şunu gördüm ki eğer çocuk öğretmenini severse, okuldaki muhteşem özelliklere sahip materyaller ya da okulun sunduğu diğer imkânlar ikinci planda kalıyor. Sevgi dolu bir öğretmen çocuğun tüm hayatını etkiliyor. Çünkü onun ilk öğretmeni ve okul deneyimi. Anaokuluna karşı olumlu tutum geliştiren çocuğun tüm eğitim-öğretim hayatı etkileniyor. Öğretmenini seven çocuk okulunu da seviyor. Her şeyden önce okula olumlu tutum geliştiriyor. "Okul güzel bir yer" düşüncesi oluşuyor ki okul öncesi eğitimin temel hedeflerinden biri de bu olumlu tutumu çocukta geliştirebilmektir.

Çocuğunuzu bulunduğunuz ilin, ilçenin en pahalı, en prestijli, en popüler okuluna verebilirsiniz. Ama bu okullarda karşınıza çıkabilecek mesleğinin öneminin farkına varmamış bir öğretmen o okulun tüm ihtişamını alıp götürebilir. Ya da çocuğunuzu bir kamu kuruluşunun mütevazı anaokuluna verirsiniz, yıllarca öğretmenini unutamaz. Tam tersi de olabilir tabi. Bu nedenle hani "ev alma komşu al" derler ya siz de aslında okul değil, öğretmen alıyorsunuz.

Ee peki hocam, anladım öğretmen önemli ama okula gittiğimde nelere bakmalıyım ben?

Öncelikle sınıftaki öğretmen ve çocuk sayısını sorun. Tabii bir de sınıfın metrekaresini... Yedi-on çocuğa bir öğretmen düşmesi ideal olanıdır. Çocuk sayısının daha fazla olması durumunda sınıfta yardımcı öğretmen bulunmalıdır. Düşünsenize, özellikle üç-dört yaş grubu çocukların yemek saatleri, uyku öncesi üzerlerinin değiştirilmesi, uyku sonrası tekrar giydirilmeleri, tuvalet sonrası temizliklerinin -bakın daha hiç eğitimden bahsetmedim- az sayıda öğretmenle yürütülmesi mümkün değildir.

"Çocuklar tüm günü sınıfta mı geçiriyorlar, yoksa okulda spor salonu, drama odası, müzik odası gibi gün içinde eğitim faaliyetlerine devam edebilecekleri başka mekânlar var mı" diye sorun. Çünkü çocukları sabahtan akşama kadar aynı sınıfta tutmak, inanın hem öğretmen için çok zor hem de çocuklar için sıkıcıdır.

Mümkünse evinize yakın bir okul seçin. Çocuğun servisle on beş-yirmi dakikadan fazla yol gitmemesi öneriliyor.

Binanın genel özelliklerine bakın: Merdivenlerde korkuluk var mı? Yangın merdiveni var mı ve açık mı? Alarm ve kamera sistemi var mı? Havalandırması iyi mi? Aydınlık mı? Temiz mi? Çocukların ortak kullandıkları tuvaletler hijyenik mi? Kâğıt havlu, tuvalet kâğıdı var mı? Çocukların boylarına uygun mu? Sınıflardaki materyaller çocukların boylarına ve kullanımına uygun mu? Bu konular, fiziksel koşullarla ilgili bakılması gereken konulardan ilk aklıma gelenler.

Personel özelliklerini sorun. Okul kiminmiş? Birinin diplomasını kiralayıp ticarethane gibi çalıştırılanlar olduğunu duyuyoruz maalesef. Müdürün, çocuk gelişimcilerin, psikoloğun, öğretmenlerin mesleki deneyimlerini sorun. Bence en önemli değerlendirme ölçütlerinden biri de personelin o okulda kaç yıldır çalıştığı. Eğer sürekli öğretmen değişiyorsa okulda memnuniyetsizlik vardır diye düşünürüm ben. Okulda bir memnuniyetsizlik varsa bu öğretmeni ve dolaylı olarak çocuğu etkiler. Öğretmenin azıcık suratı asılsa çocuk bunu fark eder çünkü.

Tabii ki yemek düzeni nasıl? Yemeklerin okulda pişmesi ideal olanı. Hatta bir diyetisyenle çalışıyorlar ya da danışmanlık alıyorlarsa harika olur. Size her ay yemek listesi yolluyorlar mı? Yemekhane temiz mi? Çocukların fiziksel özelliklerine uygun mu? Sorun ve gözlemleyin.

Elbette eğitim. Bir eğitim felsefeleri var mı? Öncelikleri neler? Size aylık, günlük ya da haftalık plan yolluyorlar mı? Aileyi eğitim sürecine dâhil ediyorlar mı? Çocukları dışarı çıkarıyorlar mı? Çocukların gelişimleri düzenli takip ediliyor mu? Çocuğun gelişimiyle ilgili bilgilendirme yapmak için rutin görüşmeler yapılıyor mu? İstediğiniz zaman okulu ziyaret edebiliyor musunuz? Sorularının cevabının evet olmasına dikkat edin.

Değinmeden geçemeyeceğim bir nokta var ki o da yılsonu gösterileri. Aileler yılsonunda çocuklarını gözyaşlarıyla, mutlulukla izliyorlar biliyorum ama bu sistemin değişmesi gerekiyor. Çünkü çocuklar yılın yarısını o gösterilere, sergilere hazırlanmak için geçiriyorlar. Öğretmenlerin temel konsantrasyonu çocuğun gelişimini desteklemek değil, iyi bir gösteri çıkarmak oluyor. Neden çocuğunuz senenin dört-beş ayını sahneye çıkma stresiyle geçirsin ki? Sahne günü geldiğinde "çıkmayacağım" diye ağlayanlar, kuliste istifra edenler, kaygıdan ateşlenenler, daha neler neler... Bu kadar stres onların minicik bedenlerine inanın fazla. Bu organize gösterilerdense sahneye çıkıp müziği açıp spontane dans ettirseler de gösteri oluyor zaten. Ya da aile ve çocukların birlikte oynayacakları oyunlar organize etseler, inanın daha eğlenceli ve gelişimi destekleyici oluyor.

Bir de sergi hazırlıkları var! Üç yaşında, beş yaşında çocuğun yapabildikleri malum... Ne yaparlarsa yapsınlar aileleri için çok değerli o da malum. Ama öğretmenler bu sergi hazırlıkları için öyle yoğun çalışıyorlar günlerce kesip yapıştırıyorlar ki sergide çocuk "anne hangisi benim" diye soruyor. Amaç çocuğun ince motor gelişimini desteklemekken öğretmeninki destekleniyor! Zaten ben bu zamana kadar ince motor becerileri gelişmemiş anaokulu öğretmeni görmedim.

Anaokuluna nasıl uyum sağlayacak?

Her şeyin ilki zordur. Kendi hayatınızdan pay biçin. Liseye, üniversiteye ilk başladığınız gün kaygılı değil miydiniz? Ya da işe ilk başladığınızda. İlk işe başladığınız günün akşamı bir bilinmezden kurtulsanız da uyum sağlamanız, sistemi öğrenmeniz en az bir ayınızı almıştır.

Çocuğumuz okula başlamadan birkaç ay önce artık okula başlayacağını söyleyerek ilk alıştırmalara başlamalıyız. Fakat sürekli okuldan bahsetmek de olumsuz bir algıya yol açabilir, kaygıyı artırabilir. "Seni sabah bırakacağım akşam alacağım" gibi ifadeler çocuğu endişelendirebilir. Bu kaygı çok normaldir. Tanımadığı, bilmediği bir ortamda tek başına kalacak olma duygusu çocuğu korkutur. Evinden uzun süreli ayrılmamış, üstüne üstlük yanında annesinin ve babasının olmadığı bir dünyaya adım atacak. Elbette istemeyecek, korkacak, endişelenecek. Ebeveyn olarak bizler, bu duyguların normal olduğunu kabul edip, okul-aile işbirliği ile çocuğu adım adım okula alıştırmalıyız.

İlk adım olarak çocuğa okula başlayacağını söyledikten sonra, mümkünse okul boşken ziyarete gidip, birlikte okulu gezmek ve biraz oynamak çocuğun okul denen yerin nasıl bir şey olduğunu anlamasında ve korkularının azalmasında faydalı olacaktır. Biz okulun ne olduğunu biliyoruz. Ama çocuğumuz daha hiç okula gitmedi, bildikleri bizim gösterdiklerimiz kadar. Gerçekçi bir algı için okul tamamen boşken yapılacak bir ziyaret çocuğumuzun uyumunu kolaylaştıracaktır.

Bir diğer nokta ise çocuk okula başlamadan önce okulu, olduğundan farklı bir yer olarak da göstermemektir. "Biliyor musun okulunun bahçesinde çok yüksek kaydıraklar var. Bütün gün orada eğlenirsin" gerçekçi bir tanıtım olmayacaktır. Dolayısıyla çocuk bir beklentiye girecek ve bu beklentisi umduğu gibi karşılanmayacak, uyum süreci olumsuz etkilenecektir.

Okulun açıldığı ilk hafta en en en zoru. Sizden ayrılmak istememesi, ağlaması çok normaldir. Uyum programı çerçevesinde ilk hafta sizin de okulda bulunmanız uyumu kolaylaştıracaktır. İlk gün yarım saat ya da bir saat gibi kısa bir süre çocuğun okulda kalması bu sürede sizin de onun yanında olmanız işleri daha da kolaylaştırır. Takip eden günlerde çocuğun okulda bulunduğu sürenin giderek artması, sizin ise okulda bulunduğunuz sürenin giderek azalması gerekir. Uyum programı çerçevesinde çocuğunuzun okulda bulunduğu zaman dilimi 1-2 saatten başlayıp, aşamalı olarak tüm güne doğru çekilecektir. Bu da 3-4 haftalık bir süreçtir. Okul yönetimi, öğretmen ve aile işbirliği içinde çocuğun okula uyum sürecini yönetir.

Çocuğunuzu okula bırakırken asla yalana başvurmayın. Ağlıyor diye çocuğu alıp eve götürmeyin. Kaçarak uzaklaşmayın. Mutlaka vedalaşarak ayrılın. Çocuğunuza ne zaman döneceğinizi söyleyin. Söylediğiniz saatte okulda olun. Çocuğun size ve okula güvenmesi ve endişelerinin azalmasında bunlar kritik noktalardır. Çünkü çocuklarımızın okula gitmek istememelerinin temel nedeni ayrılık kaygısıdır. Anne babadan ayrılmaktan korktuğu için okula gitmek istemez. Yani "okul fobisi" değil ayrılık kaygısı yaşar. Öğretmenine güvenip, bağlandıkça yavaş yavaş bu kaygıdan uzaklaşır.

Okula ilk başladığı dönemde okulda olan bitenleri size aktarmıyorsa hiç endişelenmeyin. Bu çok normaldir. Anlatması için baskı yapmayın, fazla irdelemeyin. Zamanla yavaş yavaş anlatmaya başlayacaktır. Siz her gün ona gün boyu neler yaptığınızı anlatın ama karşılık beklemeyin. Zamanla o da size anlatmaya başlayacaktır. Korkmayın alışacak ve gün gelecek okuldan çıkmak istemeyecek.

Korkma!
Cevapla

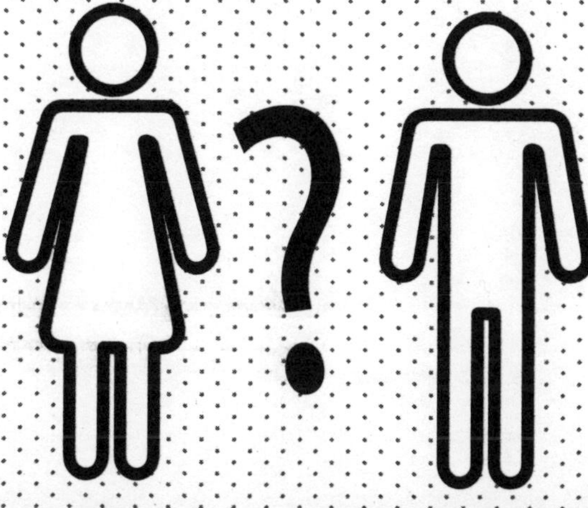

Koza sonunda okula alışmıştı. Okula alışması uzun bir süreç olsa da önemli bir dönüm noktasını daha atlattıklarını düşünüyordu Zara. Hiç geçmeyeceğini sandığı günler bir bir arkada kalıyordu.

İşte yine bir günün daha sonunda Koza'yı okuldan aldı Zara. "Günün en güzel anı bu" diye geçirdi içinden. Yavrusu koşarak kollarına geldi. Sarıldılar, öpüştüler, koklaştılar. Yol boyu okulda neler yaptığını anlattı Koza. Oysaki okula başladığı ilk günlerde hiçbir şey anlatmazdı. Zara öğrenmek için peş peşe sorular sorar ama Koza sanki hiç okula gitmemiş, koca bir günü orada geçirmemiş gibi davranırdı. Bu yeni gelişme Zara'yı çok mutlu etti. Sohbet ede ede eve vardılar. Koza ayakkabılarını çıkardı. "Anne çok sıkıştım" diye koşarak tuvalete gitti. Tam tuvaletini yaparken "anne benim neden pipim yok, düştü mü" diye sormasın mı? Hoppala bu soru da nereden çıkmıştı şimdi? Zara alı al, moru mor "kızların pipisi olmaz yavrum" diyebildi sadece. Ardından hemen konuyu değiştirdi, "haydi ellerimizi yıkayıp o çok sevdiğin çikolatalı kekten yapalım mı" Koza'nın coşkulu "evet"i Zara'yı rahatlattı. Bir yandan "oh atlattım" diye düşünürken "nereden aklına geldi şimdi böyle bir soru" diye içi içini kemirmeye başladı. Okulda bir şey mi görmüştü? Biri bir şey mi söylemişti yoksa?

Günler geçtikçe Koza'nın soruları zorlaşıyordu.

— Anne, eğer pantolon giyersem erkek olur muyum?

— Anne ben ne zaman erkek olacağım?

— Anne tıraş olmak nasıl bir şey?

— Anne ben nereden geldim?

— Anne hamile olmak ne demek?

— Anne bebek annesinin karnına nasıl girdi?

Bu sorularda neyin nesiydi şimdi? Nereden çıkmıştı? Kızı neden sürekli bu konularla ilgili soru soruyordu? Nasıl cevaplaması gerekiyordu?

Yok, yok düşüne düşüne çözemeyecekti bu sorunu. Ertesi gün anaokulunu arayıp okulun çocuk gelişimcisinden randevu istedi. Okula gitmeden ise kitapçının yolunu tuttu. Belki bu konularla ilgili bir kitap bulabilirdi. Elinde birkaç kitap, aklında "bu sorular normal" düşüncesiyle okulun kapısını çaldı...

....

Öncelikle Zara'ya seslenerek başlayayım. Korkma Zara, bunlar normal gelişimsel süreç içerisinde çocukların aklına takılan sorular. Önemli olan senin bu sorulara sakinlikle en doğru ve net cevaplar verebilmen. Bizler böyle sorular karşısında hemen kendimizi sıkıntıya sokuyoruz. Oysaki bu sorular yavrularımız için son derece normal! "Yağmur nasıl yağıyor, şimşek nasıl çakıyor, araba nasıl gidiyor" soruları kadar doğal. Ebeveynlere bu noktada düşen sakin olmak ve bu soruların normal gelişimin bir parçası olduğunu akıllarından çıkarmamaya çalışmaktır.

Cinsel eğitim süreciyle ilgili birçok kuram, kuramcı, araştırmacı, yüzlerce araştırma ve kitap bulunmaktadır. Cinsel kimlik kazanımı bir teoriye göre, çocuğun kendi cinsiyetinden olmayan ebeveyne ilgi duyması süreciyle başlar. Şöyle açıklayayım; erkek çocuk üç-dört yaş civarında annesine hayranlık duymaya başlar. Fakat annesi babasıyla evlidir. Demek ki babası gibi olursa annesi onu daha çok sevecektir. Bu düşünceyle babasını taklit etmeye başlar. Böylece erkek çocuk babasıyla özdeşim kurarak erkek cinsiyetine uygun tavırlar sergiler. Aynı durum kız çocuk ve babası için de geçerlidir (ayrıntılı bilgi edinmek isteyenler Psikoanalitik Teori, Freud'un Elektra ve Oedipus Kompleksi kavramlarını inceleyebilir). Tabii bu dönemde kendisine hayran olan ve kendisiyle evlenmek isteyen oğluna annenin "tamam yavrum, büyüyünce seninle evleneceğim. Bıktım zaten bu adamdan" ya da babanın "tamam kızım, biz seninle evlenelim, anneni de bu evden yollayalım. Her gün pizza sipariş eder, çizgi film izleriz" demesi doğru değildir. Bu özdeşim mekanizmasına zarar verir. Sonuçta aynı cinsiyete sahip ebeveyni model almasını istiyoruz, ona düşmanlık kazanmasını değil. En doğru cevap, "bir gün sen de büyüyecek, sevdiğin biriyle güzel bir yuva kuracaksın. Ben her zaman senin yanında olacağım" demektir.

Benzer bir diyaloğu geçen gün biz de yaşadık. Oğlum abimin eşiyle sohbet ediyordu. Abimin eşi "ben dayına çok âşık oldum, evlendik, Ankara'ya geldim. Annem babam Düzce'de. Bir gün sen de büyüyeceksin, evleneceksin, güzel bir yuva kuracaksın" dedi. Bunun üzerine oğlum "annem de gelsin ama" demez mi! Buraya yazayım da kayıtlara geçsin. Gelinime duyurulur, odamı hazırlayın!

Şakayı bir yana bırakıp konumuza dönecek olursak bir başka teoriye göre çocuklar doğduklarında davranışlarında cinsiyetlerine özgü herhangi bir farklılık bulunmamaktadır. Daha sonra çevreden gelen yönlendirmeler ve gözlemledikleri modeller aracılığıyla cinsiyetler arasında farklar olduğunu öğrenir ve buna göre hareket ederler. Böylece içinde yaşadıkları kültüre uygun cinsel davranış kalıplarına sahip olurlar (ayrıntılı bilgi için Sosyal Öğrenme Teorisi incelenebilir).

Bazen çocukların "anne ben ne zaman kız olacağım" ya da "ben ne zaman erkek olacağım" soruları ebeveynleri endişelendirmektedir. Oysaki bu da normal bir durumdur. Çocuklarda altı-yedi yaşından önce "cinsel korunum" kazanılmaz. Yani erkekler etek giyerse kız olacağını, kızlar da takma bıyık takarsa erkeğe dönüştüğünü düşünebilirler. Çocuklarının cinsiyetlerinin aynı kalacağı, kız ya da erkek olarak kalacakları, bir etek giymeyle cinsiyetlerinin değişmeyeceği, zihinsel gelişimin paralelinde olmaktadır (ayrıntılı bilgi için Piaget-Zihinsel Gelişim Teorisi incelenebilir).

Çocuklar ortalama iki buçuk-üç yaş civarında cinsel sorular sormaya başlarlar. Aslında bu soruların ebeveynlerde endişe uyandırmasının temel nedeni, çocukların cinsel gelişimle ilgili sorularının yetişkin cinselliğiyle karıştırılmasından kaynaklanmaktadır. Oysaki bu soruların cinsellikle hiçbir ilgisi yoktur. Bu soruların içinde keşif ve masumane meraklar vardır. Çocuğun merakının sakinlikle ve en doğru şekilde giderilmesi gerekmektedir.

Cinsel eğitim denince birçok kişi ürkmekte, ayrıca pek çok kişinin aklına hemen üreme sağlığı eğitimi gelmektedir. Özellikle erken çocukluk döneminde cinsel eğitim dediğimiz zaman, kendisi olmaktan mutlu, farklılıklarına, görüşlerine, haklarına saygılı, sevmeye yetenekli kişilerin yetiştirilmesi ilk akla gelenler olmalıdır.

Cinsel eğitim ne zaman başlar, bir düşünelim o halde. İki yaşında mı acaba? Yoksa üç yaşında mı? Ne zaman biliyor musunuz? Aslında bir bebeğiniz olacağını öğrendiğiniz anda başlıyor cinsel eğitim. Hemen cinsiyetine göre isimler aranmaya başlıyor. Erkek olursa Demir, Mert, Doruk gibi güç, kuvvet, sertlik çağrıştıran isimler koyuyoruz. Kız olacaksa İpek, Peri, Duru gibi daha çok naiflik, incelik, güzellik, zarafet çağrıştıran isimler seçiyoruz değil mi? Çocuğumuzun odasının rengini, hastanede giyeceği kıyafetin rengini, hatta doğumdan sonra annenin giyeceği geceliğin rengini, hatta ve hatta hastane odasında ikram edilecek kekin üzerindeki kremanın rengini bile daha doğmamış çocuğumuzun cinsiyeti belirliyor.

Çocuğumuz biraz büyüyüp iki buçuk-üç yaşlarına gelip cinsellikle ilgili sorular sormaya başladığında ise anne-babalar şaşırıp korkuya kapılıyorlar. Oysaki ta hamilelik döneminde çocuklarının odasına toplu duvar kâğıdı döşettirirken cinsel eğitime başladılar, haberleri yok. Bu sorular karşısında korkmak değil, "çocuğum normal gelişiyor" diye sevinmek gerek aslında.

Tabii ebeveyn olarak bazılarımız utanıyoruz, sıkılıyoruz bu sorulara cevap vermeye çalışırken. Resmen kıvranıyoruz. Aslında çocukların istediği çok ayrıntılı cevaplar değil. Ama biz nasıl cevaplamamız gerektiğini bilmediğimiz için bu karın ağrılarını çekiyoruz. İşte bu nedenle bu bölümün sonunda soruları tek tek yazıp cevaplayacağım. Tabii bunlar benim aklıma ilk gelen sorular. Çocuklar sürprizlerle dolu. Benim düşünemeyeceğim kim bilir neler gelecektir onların akıllarına. Ama siz buradaki örneklerden, kendi çocuğunuzun sorularını nasıl cevaplamanız gerektiğini fark edeceksiniz zaten.

Bir de çocuk sormasa da anne-babanın kafasını meşgul eden birtakım sorular olduğunu gerek danışanlarımdan gerekse sosyal medya üzerinden bana yöneltilen sorulardan dolayı çok iyi biliyorum. Çocukların sorularından önce ebeveynlerin bu sorularını yanıtlamakta fayda olduğunu düşünüyorum.

Çocuğun çevresinde (yazılı ve görsel medya, bilgisayar, arkadaş çevresi gibi) cinsellikle ilgili çok fazla uyaran bulunuyor. Ebeveyn olarak bunları nasıl engelleyebilir ve doğru bir cinsel eğitim verebilirim?

Özellikle küçük yaşlarda çocukların aileye ve aile bireylerine duydukları güven çok farklıdır. Eğer sorularını sormaya başladığı ilk andan itibaren onunla sağlıklı bir iletişim kurabilirseniz ve açıklamalarınız bu kitapta anlatıldığı şekilde olursa diğer bütün olumsuz etkilerin önüne geçebileceğinizi düşünüyorum. Ayrıca çocuklarınızı korumanın en iyi yolu, sizler yanlarında değilken çocukların kontrolsüz bir şekilde internette dolaşmalarını, sosyal paylaşım programlarında videolar seyretmelerini, bilgisayar oyunu oynamalarını ve televizyon seyretmelerini engellemekten geçiyor.

Çocukların üzerinde medya uyaranlarının etkisi çok büyük. Oldukça yoğun olan şiddet ve cinsellik içeren programlar çocuğumuza kumandanın düğmesi kadar yakın. Çocuğumuzu bu olumsuzluklardan nasıl koruyabiliriz?

Evet, medya gerçekten önemli bir unsurdur. Çocukların dikkate alındığı ve korunmaya çalışıldığı bir programcılık anlayışının olduğu da söylenemez. Ayrıca televizyon izleme konusunda Türk ailelerinin büyük bir çoğunluğunun bilinçli olmadığı da bir gerçektir. Çoğu ailenin tek eğlence aracının televizyon olması, bazı tehlikeleri de beraberinde getirmektedir. Sabahtan akşama kadar açık bir televizyonda elbette çocuğun zararlı sahneler görme olasılığı fazladır. En güzel çözüm izlenmediğinde televizyonu kapatmak, ebeveyn olarak televizyon bağımlılığından kurtulmak ve kontrollü olarak seçilen programları izlemektir.

Televizyon izlerken aniden uygunsuz bir sahne çıkması durumunda nasıl davranmalıyız?

Ansızın çıkan çocuğa uygun olmayan sahneler karşısında ailenin sıklıkla gösterdiği tavır hemen kanal değiştirmek, filmi kapatmak ya da ileri sarmaktır. Bu tutum yanlıştır çünkü çocuğumuz göreceği kadarını görmüştür. Böyle davrandığınızda çocuğunuz konuya daha fazla ilgi duymaya başlayabilir. Filmin ayrıntılarını ve devamını öğrenmek için özel bir çaba harcayabilir. Gördüğü sahnelere anne-babasının aşırı tepki göstermesinin nedenini araştırmak için konuya daha fazla ilgi gösterebilir, hatta uygulamaya kalkışabilir. Anne-babanın yöntemini benimseyip cinselliği kötü, onaylanmaz ve zararlı olarak algılayabilir ve cinselliğe karşı tavır geliştirebilir.

Bu durumun önüne geçmek için tek çözüm, aile olarak izlediğimiz televizyon programlarını gözden geçirmektir. Kontrolsüz bir şekilde televizyon izlediğimizde zararlı içeriklerle karşı karşıya kalmamız an meselesidir.

Cinsel gelişim ile ilgili bilgileri çocuğumuza kaç yaşlarındayken vermeliyiz?

Çocuğa cinsel bilgileri vermenin belli bir başlangıç yaşı olmamasıyla birlikte, genellikle iki buçuk-üç yaş civarında soruların başladığı görülmektedir. Bilgi vermek için ilk olarak çocuğun soru sorması beklemelisiniz. Aradan belli bir süre geçmesine rağmen hâlâ beklediğiniz sorular gelmiyorsa dikkatli olmalı ve çocuğunuzu çok iyi gözlemlemelisiniz. Bu konuyu başka yerlerden öğreniyor olabilir. Bu durumda uygun ortamın yaratılarak bazı açıklamalar yapılması uygun olur. Soru sormamasının iki nedeni olabilir: İlki size sormayı denemiştir ama bu anlamda yakınlık görememiştir. İkincisi, ihtiyacı olan bilgileri evde bulunan büyük çocuklardan, çevresindeki dergilerden, televizyondan ya da başka kanallardan öğreniyor demektir. Aman dikkat!

Çocuğumuzun sorduğu sorulara ne ölçüde cevap vermeliyiz? Ne kadar detaylı anlatmam gerekir?

Temel alacağınız en önemli ölçüt yaşı olmalıdır. Çocuğunuzun merakını gidermeli, ancak kafasını karıştırmamalısınız. Eğer sorduğu soruyu yanıtlamak için o an kendinizi yeterli hissetmiyorsanız "sorduğun soruyu şu an sana nasıl açıklayacağımı bilemiyorum. Senin anlayacağın şekilde anlatmam için bana zaman ver. En kısa zamanda yanıtlayacağım" diyerek düşünme fırsatı yaratabilir, okuyabilir ya da bir uzmana sorabilirsiniz.

Çocuğumla diğer konularda çok güzel iletişim kurabiliyorum. Peki, konu cinsellik olduğunda bu iletişimi neden kuramıyorum? Bu konular neden ürkütücü geliyor?

Cinselliği sıkıcı ve ürkütücü yapan sizin bu konuya yüklediğiniz değerdir. Cinselliği ve çocuğunuzun cinsel gelişimini diğer gelişim alanları gibi doğal karşılamalı ve böyle yaklaşmalısınız. Zaten çocuk da sizin aklınızdan geçen içerikte cevap beklemiyor çoğu zaman.

Çocuğa cinsel eğitimi hangi ebeveyni vermelidir? En uygun olanı kız çocuğa annesi, erkek çocuğa babasının vermesi midir?

Eğer böyle bir yaklaşım benimsiyorsanız hata yapıyorsunuz demektir. Ayrıca bu tip sorular kime yöneltildiyse o kişinin cevap vermesi önemlidir. Örneğin çocuk gidip babasına "ben nasıl dünyaya geldim" diye soruyorsa, bu soruyu cevaplaması gereken kişi babadır. "Git annene sor" gibi bir yönlendirme çocuğu olumsuz etkileyecektir. Çocuk o anda babasını yakın görmüştür ve bu cevabı ondan almak istemektedir. Önemli olan konunun doğal seyri içinde çocuğun fazla ilgisini çekmeden eğitim vermektir.

Çocuğunuz sadece kendi cinsiyetiyle değil karşı cinsiyetle ilgili bilgileri de merak edecektir. Ergenliğe doğru kız çocuğa annenin, erkek çocuğa babanın kendi yaşamlarından örnekler vererek bilgilendirmesi daha yararlı olabilir.

Cinsel eğitim bu kadar önemli mi? Kendi kendine öğrendiği bilgiler yeterli olmaz mı?

Çünkü cinsel eğitimi sadece cinsel bilgilerin verildiği, cinsiyet ve üreme organlarının tanıtıldığı, doğum olayının anlatıldığı bir konu değildir. Cinsel eğitim sayesinde çocuk kendi bedenine ve karşısındakinin bedenine saygı duymayı öğrenir. Bu durum, çocuğun ileriki yaşantısında kendi cinsiyetindekilerle ve karşı cinsten kişilerle sağlıklı, düzeyli iletişim kurmasını sağlar.

Çocuğun bedenini ve özelliklerini tanıması kendine güvenini artıran bir özelliktir. Cinsel gelişimiyle ilgili bilgileri erken yaştan itibaren sindire sindire alan ve bu anlamda sağlam temel oluşturan kişi, bedenine karşı sorumluluklarını bilir.

Çocuğumuzla birlikte banyo yapmak doğru mudur? Bizi çıplak görmesinde sakınca olur mu?

Genellikle üç yaşa kadar çocuklar anne-babalarının çıplaklığını çok fazla önemsemeyebilirler. Fakat dört-beş yaşından itibaren bunun farkına varacaklardır. Bu yaşlarda anne-babanın çocuğunun önünde çıplak kalmaması önemlidir. Anne-babanın mahremiyeti kadar çocuğun mahremiyetine de saygı duyulmalı ve bu mahremiyete uygun davranılmalıdır. Çocukla konuşurken vücudumuzdaki özel organları başkalarına göstermenin uygun olmadığı söylenmelidir.

Kızım babası gibi tıraş olmak ve yüzüne köpük sürmek istiyor. Oğlum topuklu ayakkabılarımı ve ojelerimi denemek istiyor. Ne yapmalıyım?

Aslında sadece merak ediyor... "Topuklu ayakkabı üzerinde yürümek nasıl bir duygu" ya da "tıraş esnasında yüzüne o köpükleri sürmek nasıl bir his", sadece ama sadece merak ediyor. Biz yetişkinler bu sorulara fazla anlamlar yükleyip gereksiz endişelere kapılıyoruz. Kadınların topuklu ayakkabı giydiğini, erkeklerin tıraş olduğunu çocuğumuza açıklayabiliriz. Ama oğlumuz bir kere topuklu ayakkabımızı denedi diye ya da kızımız tıraş köpüğünü yüzüne sürdü diye kıyamet koparmaya, karalar bağlamaya gerek yok. Keşfetmek istemiştir, o kadar...

Çocuğumun yanında tuvaletimi yapmamda sakınca var mı?

Bir annenin çocuğuna tuvalete nasıl oturulacağını göstermesi ya da bir babanın oğluna penisini tutmayı öğretmesi çok normaldir. Bununla birlikte, insanların çıplaklıkları özeldir ve tuvaleti tek başlarına kullanmayı tercih ederler. Çocuğunuz içeri girip gözlemek konusunda ısrar ederse "tuvalette yalnız kalmak istediğinizi ve bunun bir görgü kuralı olduğunu" söyleyebilirsiniz. Bu cevapla tuvalet eğitimi de vermiş olursunuz.

Oğlumuzu ne zaman sünnet ettirmeliyiz?

Doğumdan sonraki ilk altı ay, çocuğun sünnet kaygısı yaşamadığı dönemdir. Çocuğunuzun sünnet olmasını istiyorsanız ya bu dönemi ya da sünnetle ilgili olarak her şeyi algılayabilecek düzeye geldiği yedi-sekiz yaştan sonrasını seçmelisiniz. Özellikle üç-altı yaşlar arasında çocuklarda "kastrasyon fobisi" dediğimiz penisi kaybetme korkusu gelişebilmektedir. Bu dönemde çocuğu sünnet ettirmek son derece yanlış bir karar olacaktır. Sünnet konusunda çocuğu korkutmaktan kesinlikle kaçının. Törenleri kendimiz için yaptığımızı, çocuğun korkulu bir bekleyişten başka bir duygu yaşamadığını unutmayın.

Çocuğum hijyenik pedin ne olduğunu merak ediyor, onunla ilgili sorular soruyor. Adet görmenin ne olduğunu ona anlatmalı mıyım?

Aslında hijyenik pedi sorduğunuzda sizin aklınıza hemen menstürasyon döngüsü gelse de çocuğunuzun bundan haberi bile yoktur. İki-dört yaş grubu çocukları adet görmeyle ilgili soru sormazlar. Böyle bir soru karşısında verilecek en doğru yanıt, "bir çeşit pamuk"tur. Yalan mı, öyle değil mi zaten?

Çocukların sorduğu sorulara geçmeden önce bu soruları cevaplama esnasındaki tutumlarımızın da çok önemli olduğunu belirtmek isterim. Alı al, moru mor bir surat çocukta "hımm tehlikeli sularda yüzüyorum" hissi uyandırabilir. Bu nedenle olabildiği kadar mimiklerimize, yüz ifademize, konuşma hızımıza dikkat edip sanki arkadaşımıza kek tarifi veriyormuşçasına bir rahatlıkla cevaplarsak çocukta da bu süreçlerin doğal olduğu düşüncesi pekişecektir. Soruyu sakince cevaplıyor ama gözümüz tavanda geziyor, ellerimiz kollarımız sanki aerobik yaparcasına sürekli büyük büyük hareketler yapıyorsa bu da çocukta "herhalde sorulmaması gereken bir şey sordum" düşüncesi uyandırabilir. Olabildiğince doğal davranmaya, göz kontağı kurarak çocuğumuzun sorusunu yanıtlamaya çalışalım ki yanlış algılara kapılmasın.

Biraz önce de dedim ya "çocuklar sürprizlerle dolu" diye... Belki nasıl cevaplayacağımızı bilmediğimiz bir soru da sorabilirler. Soruyu sakinlikle karşılayıp "bunu ben de bilmiyorum. Ama senin için araştırıp öğrenip sana anlatacağım" denilebilir.

Şimdi size çok özel bir anımı anlatıp daha sonra soruların cevaplarına geçmek istiyorum. Ben ilkokula beş yaşında başlamıştım ve dolayısıyla beş buçuk-altı yaşlarımda okuma yazmayı öğrendim. O dönem okuma yazmayı öğrenen çocuklar arasında gazete okumak çok popülerdi. Okuma yazma öğrendiğinin kanıtıydı sanki. Hatta öğretmen diyordu ki "Ahmet okumayı söktü, dün gazete okumuş. Kırmızı kurdeleyi hak etti" Ben de okumayı öğrendikten sonra öğretmenin gözüne gireceğim diye gazete okumaya çalışıyordum. O dönemde Güzin Abla'ydı sanırım, öyle bir köşe vardı. Haydar Dümen var ya hani! Aynı o tarz sorular, cevaplar... Okumayı yazmayı söktüm ya gazete okuyorum, kendimi ispat edeceğim. Ama ne okuyorum? "Kızlık zarım yırtıldı mı" "Hoppala kızlık zarı da ne şimdi" diye merak ettim. "Demek ki kız olmak için bir zar var ve yırtılınca erkek olunuyor" Hemen gidip anneme "anne kızlık zarı diye bir şey varmış o nerede? Yırtılınca erkek mi olunuyor" diye sordum. Annemin tepkisi inanın dün gibi aklımda; önce kafasını kaldırdı, şöyle bir güldü, sonra dalga geçer gibi "hıı erkek olunuyor" dedi. İki gün çok endişelendim. "Ya bilmeden bir şey yaparsam, yırtılırsa ve sonra erkek olursam" diye az kaygılanmadım. Şimdi dönüp baktığımda daha beş buçuk-altı yaşındayım. Somut işlemler dönemindeyim, soyut algılamam gelişmemiş. Yani bir şey ya vardır ya da yoktur. Ya kızsındır ya erkek, kız olmazsan erkek olursun. Aslında tam yaşıma göre anlamışım ama yanlış anlamışım!

Velhasıl doğru açıklamak çok çok önemli. Gelelim sorulara ve cevaplara...

Bebekler nereden gelir? Ben nereden geldim?

"Leylekler getirdi, cami avlusunda bulduk" cevaplarıyla büyüyen bir nesil olarak öğrendik ki doğru cevap bu değilmiş! Peki, ne cevap verelim çocuğumuza? "Sen benim karnımın içindeki sıcacık bir yerde büyüdün" cevabı yeterli olacaktır. Devamını anlatmak için "peki oraya nasıl girdim" sorusunu beklemek gereklidir. Fakat çocuk "ben nereden geldim" sorusunu yönelttiğinde, ebeveyn bunu cinsellik içeren bir soru olarak algılamakta, bu süreci nasıl anlatacağını bilemektedir.

Bebek annenin karnından nasıl çıkar?

Şimdi sizi duyar gibi oldum: "Peki bebek annenin karnından nasıl çıkar" sorusu geldiğinde ne cevap vereceğiz? "Çalışmadığım yerden sordun yavrum" diyemiyoruz, "ben bilmem, beyim bilir" de diyemiyoruz, o zaman en anlaşılır şekilde açıklayalım. "Bebek annenin vücudundaki bir delikten çıkar" cevabını verebiliriz. Görmek isterse çizerek anlatabiliriz.

Bu nedir?

Erkek çocuklar için: "Bunun adı penis" diye cevaplandıktan sonra "peki burnun nerede, ağzın nerede" gibi sorular sorup aslında penisin de diğer organlardan çok da farklı olmadığı hissini yaratabiliriz.

Kız çocuklar için: "Bunun adı vulva" diye cevaplandıktan sonra, yine "peki burnun nerede, ağzın nerede" gibi sorular sorup aslında vulvanın da diğer organlardan çok da farklı olmadığı hissini yaratabiliriz.

İncelediğim tüm literatür, cinsel organların bilimsel adıyla öğretilmesi gerektiğini savunuyor. Pipi ya da kuku gibi bebeksi terimler yerine doğru terminolojinin kullanılması gerektiğini söylüyorlar. Fakat bu durum değerli hocam Prof. Dr. İsmihan Artan'ın da söylediği gibi, toplumun hazır bulunuşluğuna göre ele alınması gereken bir konudur. Sadece birkaç kişi çocuğuna doğru terminolojiyi öğrettiğinde bu çocuklar diğerleri tarafından yadırganabilir. Ayrıca ebeveynlerin öğretirken utanmadan, sıkılmadan, bunalmadan, çocukta olumlu tutum oluşturarak öğretmesi terminolojiden daha önemlidir diye düşünüyorum. Fakat hiçbir araştırma benimle aynı şeyi düşünmüyor, bunu da vurgulamak isterim.

Anne benim penisim (pipim) nerede? Benim penisim yok mu, düştü mü, koptu mu?

Eveet geldik bir kritik soruya daha. Kritik çünkü doğru cevaplanmadığında kız çocuklar penisleri olmadığı için cezalandırıldıklarını düşünebilir, erkek çocuklar da günün birinde penislerini kaybedeceklerinden korkabilirler. Bu durumda çocuklara şöyle bir açıklama yapmakta fayda olacağını düşünüyorum: "Kızlar kız olarak, erkekler erkek olarak dünyaya gelirler. Bütün erkeklerin penisleri, bütün kadınların da vulvaları vardır. Doğduklarında da böyledir. Büyüdükçe bu durum değişmez. Bak mesela fillerin hortumu var. Hortumlarıyla doğarlar ve büyüdükçe hortumları kaybolmaz. Tavşanların upuzun kulakları, atların kuyrukları var. Sen hiç hortumu olan bir at gördün mü? Çünkü filler hortumla doğar ve hortumlarıyla büyürler. Atlar ise kuyruklarıyla! Filler hortumlarıyla güzeldir, atlar kuyruklarıyla. Bu hiçbir zaman değişmez"

Babamın penisi neden benimkinden büyük?

"Babanın elleri, ayakları, kolları da seninkinden büyük. Sen de baban kadar büyüdüğünde ellerin, ayakların, penisin babanınki kadar büyüyecek" şeklinde cevap verebiliriz.

Annemin vulvasını/babamın penisini görebilir miyim?

Benim önerim, "üzgünüm hayır çünkü vücudumuzdaki bazı organlar özeldir. Bu organları başkalarına göstermemiz doğru değildir. Anne-babanın cinsiyet organları ve annenin göğüsleri özeldir. Bunları herkese göstermek ya da isimlerini söylemek gerekli değildir. Ayrıca insanların bu organlarımıza dokunmasına ve bunlarla ilgili konuşmasına da izin vermemeliyiz" gibi bir açıklama yapmaktır.

İlk aklıma gelen sorular bunlardı. Tabii cevaplarken jest ve mimikleri yazı diline yansıtamıyoruz maalesef. Olabildiğince naif, tatlı ve doğal anlatacağınıza hiç şüphem yok. Önemli olan bu sorulara en doğru cevabı en doğal şekilde verebilmek. Yapılan pek çok araştırma, yetişkinlerin kendi çocukluk ve gençlik dönemlerinde anne-babalarından yeterli cinsel bilgi alamadıklarını ortaya koymaktadır. Oysaki merak çocuk için olağan bir süreçtir ve bu merakın en doğru şekilde giderilmesi çocuğun gelişiminde çok önemlidir. Cinsellikle ilgili çocuğunuzun televizyondan, internetten, arkadaşlarından yalan yanlış ya da kontrolsüz bilgiler edinmesini istemezsiniz değil mi? O halde bu konuda da çocuğunuzla güvene dayalı, açık iletişimizi sürdürmek büyük önem taşımaktadır. O halde cinsel gelişimle ilgili sorular da gelişimin bir parçası, bunu sakın unutma. Korkma, doğru cevapla!

Korkma!
Tekrar Oku

Zara ne kadar çok severdi kitap okumayı. Hafta sonu sabahları uyandıktan sonra öyle hemen yataktan kalkmaz, istediği kadar kitabını okur, önce ruhunu doyururdu. "Ne aheste günlermiş" diye geçirdi içinden. Şimdi her hafta sonu, sabah bir telaşla başlıyordu. Koza'nın kahvaltısı, temizliği, oyunu derken tüm gün bir koşturmaca içerisinde geçip gidiyordu.

Zara kızının da kitap okumayı seven bir birey olarak yetişmesini çok istiyordu. Ona iyi model olmak için kızının görebileceği ortamlarda kitap okuyordu. Aslında okumaya çalışıyordu desek daha doğru olacak. Çünkü Koza annesini kitap okurken gördüğünde hemen yanına geliyor, annesinin okuduğu kitabı çekiştiriyor, sonunda elinden alıyordu. Annesinin kendisinden başka meşguliyeti olmasından pek de hoşlanmıyor gibiydi.

Zara kızına kitap okuma alışkanlığı kazandırabilmek için birçok kitap almıştı. Bunlardan bazılarını Koza hiç sevmemiş, ilgilenmemişti. Bazılarını ise defalarca okutmuştu. Bu normal miydi acaba? Zara aynı kitabı üst üste sekiz kere okuduğunu biliyordu. O gün o kitabı okurken ne kadar sıkılıp bunaldığını hatırladı. Ama tabii ki kızına fark ettirmemeye çalışmıştı. Koza bazı kitapları çok severken bazılarının ise yüzüne bile bakmıyordu. Bu nedenle nasıl kitap seçeceği konusunda Zara'nın kafası son derece karışıktı. Acaba kitap okumaya başlamak için geç mi kalmıştı? Sahi kaç yaşında başlamalıydı? Kitapçılara gittiği zaman iyice aklı karışıyordu. Birbirinde farklı konularda, büyüklükte, şekilde o kadar çok kitap vardı ki. Hatta bir seferinde traktör şeklinde bir kitap bile görmüştü. Evet evet, traktör şeklindeydi! Altında tekerlekleri bile vardı. Ömründe ilk defa tekerlekli bir kitap görmenin heyecanıyla kızına almıştı. Ama Koza'nın bu kitapla ilgilenmemesi tam bir hayal kırıklığı olmuştu. Üstelik Koza, annesinin bu kitabın yarı fiyatına aldığı, sıradan bir kitabı günlerce elinden bırakmamıştı.

Konuyla ilgili araştırmalar yapmaya karar verdi Zara. Kararlıydı, kızına okuma alışkanlığını küçük yaştan kazandırmalıydı. O gece Koza uyuduktan sonra bilgisayarının başına geçti. O meşhur arama motorunu açtı ve "Çocuğuma kitap seçerken nelere dikkat etmeliyim" diye sordu. Zara zaten Google'la sohbet eder gibi sorular sormaya bayılırdı. Google Zara'nın her şeyi bilen arkadaşı gibiydi. Eskiden insanlar bu tip bilgilere nasıl ulaşıyorlardı acaba? Bu düşüncelerle okumaya başladı Zara...

....

Çocuğuma hangi aydan itibaren kitap okumaya başlamalıyım?

Hiçbir zaman geç değil! Öncelikle geç kaldım diye endişelenmeyin. Kitaplar söz konusu olduğunda her zaman her an okuyabileceğinizi hiç unutmayın.

Tamam, unutmayalım da bunun ideali nedir? Diye sorduğunuzu duyar gibiyim. Aslında bebeğimiz daha karnımızdayken nasıl onu seviyoruz, ona müzik dinletiyoruz, ona şarkılar söylüyoruz, neden kitap okumayalım? Kısa öyküler-şiirler okusak, tepkilerini gözlemlesek ne kadar güzel olur değil mi? Daha doğmadan bebeğimiz için kitap almaya başlayabiliriz. Hastane çıkışı, bebek bezi, pişik kremi, şampuanı, ateş ölçeri, banyosu liste çok uzun değil mi? İşte bu listeye bir de kitap eklemeye ne dersiniz?

Bebekler için (Sıfır-otuz altı ay) kitap seçimi nasıl olmalı?

Bebekler için günümüzde harika kitaplar var. Kalın mukavvadan ya da bezden yapılmış, farklı dokuları, sesleri içinde barındıran bu kitaplara ulaşmak çok kolay. Hatta bu kitapların çoğunluğunu bebek kıyafetleri satan mağazalarda ve oyuncakçılarda bile bulmak mümkün.

Bebeğimiz için farklı sesler çıkaran, bez kitaplar alırsak gelişimini de desteklemiş oluruz. Bebekler iki-üç ay civarında kendilerine uzatılan nesneye uzanmaya başlarlar. İşte yavrunuza uzatılan nesne neden ses çıkaran bir kitap olmasın. Tabii ki eline alıp sayfalarını çeviremez. Ama onun yerine sayfaları siz çevirirsiniz, sayfalarında bulunan değişik dokulara dokunmasını sağlarsınız. Böylece duyu gelişimini de desteklemiş olursunuz. Günümüzde bebeklerin duyularını geliştirmenin ne kadar önemli olduğu araştırmalarla ortaya kondu. Bebeklik döneminde duyu gelişimini desteklemeye yönelik bir materyal almak istiyorsanız kitap güzel bir seçimdir bence.

Bebekler ortalama altı ve yedinci aylarda dişlerinin de çıkmaya başlamasıyla birlikte, ellerine aldıkları her şeyi ağızlarına götürürler. Aslında bunun temel nedeni sadece dişlerini kaşımak değildir. Sıfır-on iki aylık bebekler dünyayı ağızları aracılığıyla tanır. Her şeyi ağzına götürür, tadına bakar. İşte bu dönemde bez kitaplar çocuğunuz için uygun ve hijyenik olabilir. İstediğiniz zaman yıkanabilir. Aslında bebekler için "diş kaşıma kitapları" da var biliyor musunuz? Kare şeklinde bir kitabın üzerine iki tane kulak takıyorlar. Bu kulaklarla tavşan kılığına bürünen kitabımız, aslında kulaklarıyla çocukların dişlerini kaşımalarına yardımcı oluyor.

On iki-yirmi dört ay bebekler için seçtiğimiz kitapların içerikleri ne olsun? Şöyle can alıcı bir polisiye mi olsun, yoksa romantik bir şey mi? İkisi de olmasın tabii ki. Bu dönemdeki bebeklerimiz için kalın karton ya da mukavvadan yapılmış kitaplar öneriyoruz. Bu bahsettiğimiz kitapların her bir sayfasında bir nesnenin resmi bulunuyor. Örneğin bir sayfada sadece elma resmi bulunuyor. Altında da elma yazıyor. Diğer sayfada armut, bebek, top gibi çocuğun çevresinde görmeye alışkın olduğu nesnelerin resimleri bulunuyor. Altında ise bu nesnelerin ismi yazıyor. Bunlara biz ABC kitapları diyoruz.

Bu yaş grubu için dokunma kitapları da bulunuyor. Bu tip kitaplarda farklı dokunsal öğelere rastlıyoruz. Örneğin tavşanın kuyruğunda pamuk, filin hortumunda kadife, çilekte oluklu mukavva gibi dokular görüyoruz. Bu tip kitaplar hem çocuğumuzun gelişimini destekliyor hem de kitap sevgisinin temellerini atıyor.

Yine bu yaş grubu için banyo kitapları var. "Banyoda da kitap mı olur" dedin değil mi? Olur olur, hem de harika olur. Banyo kitapları sayesinde çocuğunuza hem kitap hem de banyo sevgisini aynı anda aşılayıp bir taşla iki kuş vurabilirsiniz. Bu arada sakın endişelenmeyin, kitabın sayfaları plastik türevi bir malzemeden yapıldığı için çabucak kuruyor. Yapısı ve içeriği de genelde ABC kitaplarına benziyor. Yani her sayfada bir nesnenin resmi bulunuyor. Basınca "viyk viyk" diye ses çıkaranları da var bilginize.

Yirmi dört-otuz altı aylar arasında ise içinde basit kurguların olduğu kitaplar seçilebilir. Karton kalın kapaklı, içinde sürprizli öğelerin bulunduğu kitaplar bu dönemde ilgilerini çekecektir. Resimleri fazla karışık olmayan, açık, net, çok az yazılı ve büyük puntolu kitapları bu dönem tercih edebilirsiniz. Ayrıca konular ev yaşantısı, park yaşantısı gibi çocuğun gündelik hayatından kesitler taşırsa daha çok dikkatlerini çekecektir.

Bebeğim kitapları yırtıyor ne yapmalıyım?

Yırtılmayan kitaplar almalısınız. En azından zor yırtılan! Bu yaş grubu bebekler için yırtmak asla bir yaramazlık olarak etiketlenmemelidir. Yırtmak bu yaş çocuğu için yeni bir keşif ve oyundur. Dolayısıyla eline aldığı birçok şeyi yırtmayı deneyecektir. Asla "eyvah çocuğum kitaplardan nefret ediyor" diye düşünmeyin. Çünkü bu yaşta bebekler kitapların manevi değeri ve bizim için öneminin farkında değildir. O kitabı sadece oyun olarak yırtmak istemektedir. Ha kitap yırtmış, ha gazete, ha peçete, onun için aynı şeydir. Bu dönemdeki çocuklarımız için kalın mukavva kitapları tercih edebilirsiniz. Bu kitapları yırtmak oldukça güçtür. Yırtması içinse peçete, kâğıt verebilirsiniz. Peçeteleri yırtıp "puf" diye üflerseniz harika bir oyun oynamış olursunuz. Hem de çocuğa keşfini gerçekleştirmesi için imkânlar sunarak gelişimini desteklersiniz.

Bebeğime bu kitapları nasıl okumalıyım?

Bebeğinize bu kitapları okurken tek tek resimlerini göstererek onun da göstermesi için teşvik edebilirsiniz. Örneğin kitapta bir tavşan olsun. Kulakları da yumuşak bir materyalden yapılmış olsun. Şimdi bu sayfayı bebeğimize okuyalım.

"Bak kızım/oğlum burada tavşan var"

"Hadi sen de göster tavşanı"

"Ne güzel tavşan. Burnuna bak pembe"

"Hadi tavşanının burnuna dokunalım"

"Ne güzel dokundun (parmak öpülebilir, çünkü öpülmeden durulamaz)"

"Ne kadar yumuşak kulakları var"

"Bak burada tavşan yazıyor (yazı gösterilerek)"

Bakın aslında sayfada sadece bir tavşan resmi var ama o tavşan resmini kullanarak dil gelişimi açısından ne büyük girdiler sağladık. Renginden bahsettik, büyüklüğünden, dokusundan bahsettik. Yazıyı gösterdik, farkındalık yarattık. Öyle sayfaları hızlıca çevirip "elma, armut, portakal, muz hop bitti" diye okumuyoruz yani.

Bebekler ortalama on sekiz aylıkken, orta kalınlıktaki sayfaları o tatlı parmaklarıyla çevirme becerisini kazanmış olurlar. İşte bu dönemde "haydi şimdi sayfayı sen çevir tatlım" diyerek sayfa çevirmenin sorumluluğunu verebiliriz. Fakat bu dönemde sayfa çevirmeyi yeni öğrendikleri için hızlı hızlı sayfa çevirmek isteyebilirler. Bu çok normaldir çünkü çocuklar yeni kazandıkları bir beceride ustalaşıncaya kadar defalarca deneme yapmak isterler. Engel olmayalım, zamanla yavaşlayacak, öğrenecek korkmayalım çevirsinler.

Çocuklar için (otuz altı-altmış altı ay) kitap seçimi nasıl olmalıdır?

Öncelikle bu dönem çocukları için hazırlanmış kitapların fiziksel özelliklerine değinelim. Bu kitaplarda sayfanın %75-80'inde resim olmalı. Yazı çok daha az yer kaplamalı. Yazı puntosu büyük ve okunaklı olmalıdır.

Bu dönem çocukları henüz okuma yazma bilmemekle beraber, kitapları resimlerinden okurlar. Hatta yetişkinlerin görmediği birçok ayrıntıya dikkat ederler. Bu nedenle kitapların resimleme özellikleri büyük önem taşımaktadır. Ayrıca bu dönemde okuma yazma bilmeseler de harflere ve yazılara olan ilgileri artmıştır. Sürekli "burada ne yazıyor" diye sorarlar. Hatta sürekli aynı yeri göstererek defalarca bıkmadan usanmadan sorarlar. Bu onların yazıları keşfetme sürecidir. Bıkmadan usanmadan cevaplamak gerekir. Şimdi şu diyaloğa bakalım:

— Anne burada ne yazıyor?

— "Yaşasın" yazıyor oğlum/kızım.

2 dakika sonra:

— Anne burada ne yazıyor?

— "Yaşasın" yazıyor oğlum/kızım.

Başka bir sayfada:

— Anne burada ne yazıyor?

— "Yaşasın" yazıyor oğlum/kızım.

Ertesi gün:

— Anne burada ne yazıyor?

— "Yaşasın" yazıyor oğlum/kızım.

.

.

On gün sonra:

— Anne burada ne yazıyor?

— "Yamuk" yazıyor!

— Hayır anne "yamuk" yazmıyor, "yaşasın" yazıyor.

— Madem biliyorsun neden defalarca soruyorsun?

Ve anne çıldırır! Çıldırma sevgili anne, keşif süreci bol tekrarı gerektirir. Sabırla cevapla. Ters cevap verip yavrunun güvenini kırma...

Bu dönemde yazılara olan ilgileri aslında çok önemli bir gelişmedir. Harflerin rakamlardan farklı olduğunu ve yazıların bir anlamı olduğunu keşfederler. Her keşif gibi bu da onlar için oldukça heyecan verici bir süreçtir. Aslında siz farkında olmasanız da bu dönemde okunan kitaplar sayesinde çocuklar yazının soldan sağa, baştan aşağıya doğru okunduğunu, yani yazının yönünü fark ederler. Ayrıca kitabın baştan sona okunduğunu öğrenirler. Bunlar farkında olmadan çocuklarımıza kazandırdığımız önemli becerilerdir. Zira bunlar erken okuryazarlık becerileri içinde yer alır ve okula hazır olmak için bunları kazanmak gerekir.

Kitapların konusu nasıl olmalıdır?

Konusu her şey ama her şey olabilir, yeter ki çocuğun ilgi alanına girsin. Uçaklarla ilgileniyorsa uçağın kahraman olduğu bir resimli çocuk kitabı seçilebilir örneğin; dinozora ilgisi varsa dinozorlu... Çünkü çocuklar ilgileri doğrultusunda kendilerine sunulan uyaranlarla daha çok ilgilenirler. Amaç kitap sevgisi kazandırmaksa mutlaka çocukların ilgilerinden yola çıkılmalıdır.

Ayrıca dört-altı yaşlarında biyografi, şiir gibi edebiyatın diğer dallarıyla da çocuk tanıştırılmalıdır.

Birtakım problemlerin çözümünde de kitaplardan faydalanılabilir. Örneğin saçını kestirmeme, yemek yememe, okula başlama, kardeş kıskançlığı ve daha birçok konuda yazılmış ve çizilmiş birçok eser bulunmaktadır. İçlerinden çocuğuna en uygun olanı seçip birlikte okuyabilirsiniz. Ama okurken "bak Ece ne güzel yemeğini yiyor. Sen hiç yemiyorsun. Keşke Ece gibi yemek yesen" gibi kıyas içeren yargılayıcı cümleler kurmaktan kaçının. Eğer böyle okursanız, özdeşim kurmak yerine kitabın ana karakterine olumsuz duygular geliştirebilir. Bırakın kitabı kendi yorumlasın. İsterseniz kitabın sonunda siz "sen Ece olsan ne yapardın" gibi sorular yöneltebilirsiniz ama gelecek cevabı yargılamamak koşuluyla.

Bir sürü kitap aldım hiç ilgilenmiyor?

Bu soruyu soranlara genelde bir soruyla karşılık veriyorum. "Peki, siz okuyor musunuz?" Siz elinizde bütün gün akıllı telefona bakmak için fırsat kollayarak gezerseniz, çocuğunuzun da ilgisi kitaba değil telefona olur elbette. Okumayı seven çocukların formülü, okumayı seven yetişkinlerden geçiyor. O zaman reçete kolay: Çocuğunuz kitap okumayı sevsin mi istiyorsunuz, o zaman okuyun. Eğer sizin kitaplarınıza ilgi duyuyorsa incelemesine izin verin. Sizin merakla ne okuduğunuzu öğrenmek istemesi çok doğaldır. Hatta sizin kitabınızın kapağına bakarak bir öykü bile oluşturabilirsiniz.

Önemli bir diğer nokta da yazar ve çizer bilgisinin çocuğa verilmesidir. Kitabı okumaya başlarken "bak yavrum bu kitabı Nükhet Solmaz yazmış, Saadet Ceylan çizmiş" gibi. Bir süre sonra göreceksiniz ki kitabı eline aldığında kimin çizdiğini söyleyecek ya da yeni bir kitap gördüğünde size yazarını ve çizerini soracak. Kitap yazmak takdire şayan bir iş. Bunun değerini çocuklarımıza daha bu yaşlardan göstermenin çok önemli olduğunu düşünüyorum.

Sürekli aynı kitabı okutuyor, bu normal mi?

Aynı şeyi okumaktan dolayı afakanlar basıyor değil mi? "Yavrum bak ne güzel, bunu okuyalım ne dersin" yok illa aynı kitap aynı cümlelerle, tek kelime atlamadan hatta ve hatta aynı tonlamayla okunacak.

Neden biliyor musunuz? Çünkü sonunu, kurgusunu bildikleri kitaplar çocuklarımızı rahatlatır, mutlu eder, güvende hissettirir. Kendimizden pay biçelim; biz de sevdiğimiz, sonunu bildiğimiz dizileri, filmleri tekrar tekrar izlemiyor muyuz? Kesin izliyoruz, yoksa *Aşk-ı Memnu* ya da *Hababam Sınıfı* bin kere niye yayınlansın TV'de? Sonunu biliyoruz ama her izleyişte farklı bir şey görüyoruz, farklı bir noktaya dikkat ediyoruz. İşte çocuklar da aynı kitapları hep tekrar tekrar okutmak isterler. Her okuyuşta sonunu bilmenin verdiği rahatlıkla farklı bir şey keşfederler. Sakın "bu çocuk takıntılı mı" diye düşünmeyin. Korkmayın, okuyun!

Korkma!
Sınır Koy

Koza birçok beceride ustalaşmıştı. Artık sabaha kadar kesintisiz uyuyabiliyor, tuvaletini bağımsız yapabiliyor, ustaca koşabiliyor, tırmanabiliyor hatta bisiklete bile binebiliyordu. Yemeğini kendisi yiyor, ayakkabılarını çıkarıp tekrar giyebiliyordu. Birçok akademik beceriyi de kazanmıştı. Renklerin hepsini biliyor, 30'a kadar ileri sayabildiği gibi 10'dan geriye doğru da sayabiliyordu. Geometrik şekilleri öğrenmiş, birçok kavramı da kazanmıştı.

Ne büyülü bir yolculuktu çocuk büyütmek. Kucağından inmeyen ve her şey için sana muhtaç olan canlının günbegün bağımsızlaşıp kendi kararlarını verebilen bir birey olma yolunda ilerlemesini gözlemlemek heyecan vericiydi. "Tabii bunlar gece yatıp düşünürken heyecan veriyor" diye düşündü Zara. Gün boyu çocuğun peşinde koştururken insan bu romantik düşüncelere dalamıyordu!

Zara ara sıra özgürlüğünü ilan eden kızına kurallar koyma konusunda sıkıntılar yaşıyordu. Örneğin oyuncaklarıyla oynadıktan sonra toplamasını istiyordu ama Koza toplamıyordu! Dışardan gelince elini yıkamasını istiyordu, bin bir naz! Alt tarafı ellerini yıkayacak, gören de atomu parçalaması istendi zanneder! "Çok mu şımarık yetiştiriyorum acaba çocuğumu" diye düşündü Zara. Çocuğunun özgüveni yüksek, bağımsız kararlar alabilen bir birey olmasını isterken içten içe bencil, şımarık, ukala biri haline dönüşmesinden de korkuyordu.

Bir taraftan da kayınvalidesi sürekli "İyice hizmetçisi oldun sen bu çocuğun. Biraz kural koy. Düzen öğrensin! Ben Korayıma üç-dört yaşlarında öğretmiştim düzeni. Hiç unutmam arabalarını renklerine göre ayırarak toplardı" diyordu. Bu söylemler yüzünden o kadar siniri bozuluyordu ki Zara'nın. Hatta bir seferinde kendisini artık tutamayıp "anneciğim arabaları renklerine göre ayırmayı öğrenen Korayınıza keşke ayağından çıkan çoraplarını kirli sepetine atmayı da öğretseydiniz de sabaha kadar solumasaydık o 'fresh' kokuyu" deyivermişti. Koray'ın arabalarını renklerine göre ayırmasının onu yetişkinlik hayatında pek de tertipli düzenli yaptığı söylenemezdi! Düşündü de şu oda toplama mevzusunu fazla abartmasa da olurdu! "Baksana Koray'a" dedi içinden, "dört yaşında sağladığı düzeni otuz yaşında sağlayamıyor"

....

Kim istemez ki oyuncaklarını oynadıktan sonra yerine yerleştiren, boya kalemlerinin kapağını kapatan, park dönüşü ilk iş soluğu banyoda alıp ellerini yıkayan, akşam yatmadan dişlerini fırçalayan, yani koyduğumuz kurallara "peki anneciğim sen her şeyin en iyisini bilirsin zaten. Ben henüz üç-dört yaşında bir şeyim. Dürtüselim, asiyim! Sen ne dersen öyle olsun" diyen bir çocuk! Adını da Bobi koyarız olur biter!

Şimdi sizi şoke edecek birkaç konuya değinmek istiyorum.

1. ŞOK

Altı yaşına kadar çocuklar kuralları tam olarak anlayamazlar. Evet evet, doğru okuyorsunuz, kurallar neden vardır, neden uymaları gerekir tam olarak anlamlandıramazlar. Kural algısı dört yaşından sonra yavaş yavaş gelişmeye başlar ama kurallara uyarken de tutarsızlık sergilerler. Yani bir gün oyuncaklarını toplar, ertesi gün toplamaz. Zaten bilişsel gelişimin babası Piaget der ki "Gelişim bir denge, dengesizlik ve yeniden denge bulma sürecidir" Yani çocuk sürekli dengeyi arıyor, arada bozuyor sonra yeniden buluyor! Şimdi bu satırları yazarken şöyle bir düşündüm de aslında hepimiz için bu denge dengesizlik süreci geçerli değil mi? Dönem dönem hepimizin ayarı bozuluyor! Sonuçta insanız, gelişim ve değişim yolculuğumuz ömür boyu devam ediyor.

Neyse konuyu dağıtmayalım. Konumuz çocuk ve kurallar! Şimdi bu yazdıklarımdan şöyle bir sonuç çıkarmayalım. Madem kuralları anlamıyor o zaman vur patlasın, çal oynasın! Kurallara ne gerek var? Altı yaşından sonra kuralları koyarız gider! Durum tam olarak böyle değil. Biz kurallarımızı koyacağız elbette. Ama çocuğumuz bu kuralların gerekliliğini tam olarak anlayamadığı için %100 bir oranla uyamayacak. Örneğin balkon demirlerine fazla yaklaşmamasını istiyoruz. Kural basit, "balkon demirlerine yaklaşma düşersin" Bizim yavru ne yapıyor, yaklaşıyor. En azından yaklaşmayı deniyor! Üç gün yaklaşmıyor dördüncü gün balkon demirlerinin yanında. Neden sizce? Çünkü "düşersem ölebilir ya da sakatlanabilirim, kafam gözüm yarılabilir. Çok acılar çeker, çektiririm" diye bir algısı henüz gelişmemiş. Balkondan düşerse kedi gibi tekrar ayağa kalkabileceğini düşünüyor. Yani kendisine yönelik algıları henüz gerçekçi değil. Bilişsel olarak o olgunluğa erişmedi. Ama biz yine de açıklıyor, kuralı koyuyoruz. Zamanla öğreneceğini biliyoruz.

2. ŞOK

Çocuklar sınırları severler! "Pek de seviyor gibi görünmüyor hocam" dediğinizi duyar gibi oldum şimdi. İnanın bana severler, gerçekten severler. Çocuklar sınırlar içerisinde kendilerini güvende hissederler. Bir çocuğun en temel ihtiyaçlarından biri güven ihtiyacıdır. Güven duygusu içinde olan çocuk, dünyaya ait keşiflerini özgürce gerçekleştirir ve gelişimini en iyi şekilde sürdürür.

Bu noktada önemli olan, çocuğun yaşına ve gelişim düzeyine uygun kurallar koyabilmektir. Örneğin okul öncesi dönemde kurallar somutlaştırılırsa, uygulanabilirliği artar. Yukarıdaki örnekteki çocuğumuza geri dönecek olursak, balkon demirlerine bir uyarı işareti asılabilir. Balkondan düşen bir çocukla ilgili fazla kan ve vahşet içermeyen, basit masallar anlatılabilir.

Erken çocukluk döneminde, çocukları çok fazla kurala boğmamak gerekir. Çocukların akıllarında tutabileceği kadar kural olması, uygulanabilirliği artırır. Zaten yukarıda da belirttiğim gibi tam olarak uygulamasını beklemiyoruz.

Çocuğumuza bir kural koyarken aşağıdaki basamakları izleyebiliriz.

- Kuralları çocuklarımıza açık ve net olarak söyleyelim.

"Oyunun bittiğinde oyuncaklarını toplamanı istiyorum"

- Çocuğumuza kuralı nasıl uygulayacağını öğretelim.

"Bak yapbozları şu sepete dolduralım. Arabaları da şu rafa koyalım"

- Bu kurala neden uyması gerektiğini açıklayalım.

"Oyununun bittiğinde oyuncaklarını topladığın zaman, bir daha oynamak istediğinde daha kolay bulursun. Ayrıca odan düzenli olduğu için ayağına yanlışlıkla bir şey batmaz"

- Kurala uyarsa mutlaka pekiştirelim.

"Oyuncakların nasıl güzel yerli yerine konulmuş. Ellerine sağlık. Bir daha oynamak istediğinde kolayca bulabileceksin"

Hatta çok hoşuma giden bir dedikodu yöntemi var. Dedikodu yöntemi mi? Evet tam bize göre yani. Uygulaması da çok kolay... Hemen anlatayım. Şöyle hayali bir telefon konuşması yapıyorsunuz. Çocuğunuzun bulunmadığı ama duyabileceği bir ortamda "Anneannesi biliyor musun tüm legolarını toplamış. Artık hiçbiri ayağına batmayacak. Legolarını toplaması beni çok mutlu etti" gibi. Yani sanki o duymuyormuş gibi arkasından konuşacağız biraz. Emin olun çok işe yarıyor!

- Diyelim ki odasını toplamıyor.

Yanlışlıkla sevdiği bir oyuncak ayağınızın altında kırılıversin. "Yavrum çok özür dilerim, yanlışlıkla oldu. Oyuncaklar yerinde olsaydı basmazdım tüh" Biraz acımasız mı geldi? Emin olun "topla diyorum şu oyuncakları, söz dinle biraz" diye bağırmaktan ya da "oyuncaklarını toplamazsan yemekten sonra dondurma yiyemezsin" diye tehdit etmekten daha etkili bir yol. Çünkü davranışının sonucuna katlanıyor. Bir nevi bedel ödüyor. Ayrıca yanlışlıkla oldu, sonuçta neresi acımasız!

❋ Diyelim ki odasını toplamıyor (ikinci senaryo).

Söylene söylene odasını toplarsınız. İşte bu durumda çok büyük bir hata yaparsınız. "Annem odanı topla diyor ama nasıl olsa kendisi topluyor boşver gitsin" algısı oluşturuyorsunuz. Tabii burada bahsettiğimiz çocuk beş-altı yaştan büyük bir çocuk. Çocuk beş-altı yaşındaysa ve odasını toplamıyorsa birlikte toplayabilirsiniz, model olup nasıl toplayacağını öğretebilirsiniz. Sonuçta "odanı topla" ne demek? Sizin hayallerinizdeki toplu odayla onunki bağdaşmayabilir. Ortak hayaller için, ortak harekete geçin.

3. ŞOK

Çocuklar sizin uymadığınız hiçbir kurala uymaz! Yemekten önce ellerini yıkamasını istiyorsunuz ama siz yıkamıyorsanız, balkondan sarkma deyip balkondan sarka sarka sigara içiyorsanız, dişlerini fırçala deyip siz fırçalamıyorsanız, aç karnına dondurmayı yasaklayıp gizlice yerken yakalanıyorsanız, müjde çocuklarınız bu kurallara uymayacak! Çünkü çocuklar genellikle duyduklarını değil gördüklerini yaparlar. Ebeveynlerini taklit ederler. O halde bir kural koyarken ona kendinizin de uyup uymayacağınızı ölçün biçin derim.

Bir de anne-babanın bu noktada tutarlı davranışlar sergilemesi büyük önem taşıyor. Birisi yemekten önce dondurmaya evet diyor, diğeri hayır diyorsa tutarsızlık var demektir ve çocuk istediğini elde etmek için hangi ebeveyne yöneleceğini bilir. Tutarsızlık iki ebeveyn arasında değil, tek ebeveynin davranışlarında da olabilir. Örneğin bir gün rahatça yemek hazırlamak için yemekten önce dondurma verip ertesi gün vermiyorsanız yine tutarsızlık söz konusudur. Kendinizden pay biçin. Bir gün patronunuzdan izin istiyorsunuz, gayet anlayışlı bir şekilde "tabii git, işlerini hallet diyor" Başka bir zaman ise "izin falan yok, Dingo'nun ahırı mı burası" diye azarlıyor! Ne kadar siniriniz bozulur değil mi? İşte çocuk da öyle. "Hani dün tamamdı? Yattık kalktık ne değişti" diyor içinden. İşte böyle olunca çocuklar kuralları esnetmek ya da yıkmak için daha ısrarcı davranıyorlar ve işin ucu ağlama krizlerine kadar dayanıyor. Ağlayınca istediğini elde ederse, buyurun yeni bir krize...

Bir de bu kriz anlarında yeni kurallar koymaya çalışan ebeveynlere yanlış yolda olduklarını söylemek isterim. Çünkü çocuklar kriz anında yeni bir kural değil, istediklerine kavuşmak isterler. Bu kriz anlarında çocuklarımızı tehdit etmekten de kaçınalım. "Sana bir daha dondurma falan yok" Yahu çocuk daha dört yaşında, ömrünün sonuna kadar vermeyecek misin dondurma? Şu dediğine kendin inanıyor musun? Ayrıca bu bir kural değil, bir tehdit! Zaten problemin kaynağı, çoğu zaman tehditleri kurallarla karıştırmamızdan kaynaklanıyor.

4. ŞOK

Bir kurala uyulmuyorsa, sorun kuralınızda olabilir! Nasıl mı? Anlatayım. Diyelim ki çocuğa dediniz ki "sadece hafta sonu sabah 10.30-11.00 arasında televizyon izleyebilirsin" Ama çocuğunuz öğlen 14.00'de izlemek istiyor. Siz sabah izlemesini daha doğru buluyorsunuz çünkü hafta sonu sabah işlerinizi rahatça halletmek istiyorsunuz ama çocuğunuz bu kurala bir türlü uymuyor. Sabah izliyor, yetmezmiş gibi öğlen de istiyor. Bu durum aranızda bir çatışmaya ve birtakım krizlere yol açıyor.

Acaba çocuğunuz neden öğleden sonra TV izlemek istiyor hiç düşündünüz mü? Belki de en sevdiği çizgi film o saatte başladığı içindir? Biz yetişkinler illa isteklerimiz bizim istediğimiz saatte, istediğimiz gibi olsun isteriz. Çocuklarımızın da istekleri ve ihtiyaçları olduğunu çoğu zaman göz ardı ederiz. Oysaki bizler emir eri değil çocuk yetiştiriyoruz. Bağımsız, kendilerine güvenli, özgür iradeli bireyler olsunlar diyoruz ama sözümüzden çıkmadan! Ne büyük çelişkiler yaşıyoruz...

Çocuklarımız kurallara uymadıklarında bağırmak, yalvarmak, tehdit etmek, azarlamak, ceza vermek, nasihat vermek yerine, önce kurallarımıza bir dönüp bakalım. Çocuğumuz bir kurala karşı çıkıyorsa nedenini bir düşünelim, inceleyelim, gözlemleyelim.

"Neden istemiyor" çocuğumuza soralım. Birlikte alternatifler üretelim. Çocuğumuz gerçekten bir ihtiyaçtan dolayı bu kurala uymak istemiyorsa ya kuralımızı değiştirelim ya da esnetelim.

Çocuklarımızın kendilerini güvende hissetmeleri ve bu güven ortamında gelişimlerini sürdürebilmeleri için kurallar koyalım. Ama onların bizim emrimizdeki askerlerimiz olmadığını unutmadan, onların güven duygusunu sarsmayacak şekilde, çocuklarımızın yaş ve gelişim özellikleri doğrultusunda korkmayalım sınırlayalım!

Korkma!
İletişim
Engellerini Kaldır

Zara tüm hayatı boyunca annesiyle her konuda çatışma yaşamıştı. Çocukluğunu hatırladığında ilk aklına gelenler annesinin emir dolu cümleleri oluyordu. "Oraya koyma, buraya oturma, yatağını topla, odanı düzelt, yemeğini bitir, hanım hanımcık otur" gibi sürekli emir yağdırırdı annesi. Eş seçimine, iş seçimine hep karışmış ve Zara'nın attığı hiçbir adımdan memnun olmamıştı. Oysaki Zara annesinin ufacık bir memnuniyet ifadesini duymak için neler neler yapardı. "Çocuğumla iletişimim asla böyle olmamalı" diye düşündü Zara. "Emir eri değil, mutlu bir çocuk" yetiştirmek istiyorum diye geçirdi içinden.

Uzun uzun uyuyan evladını izledi Zara. Saçlarını okşarken "Seni seviyorum bebeğim. Mutlu bir insan olman için elimden geleni yapacağım, sana söz" dedi. O gün küçücük bebeğine çok büyük bir söz verdiğinin farkındaydı. Koza'nın yanağına bir öpücük kondurdu ve internetin başına geçti. Bu konuyla ilgili kendisine rehberlik edebilecek birkaç kitap bulabilirdi belki. Kitapçıya gidecek zamanı olmadığı için genellikle internetten alıyordu kitaplarını. Araştırmaya başlamadan önce elinde bilgisayar uzaklara daldı gitti... Uzun uzun kendi çocukluğunu, anne-babasının tutumlarını düşündü. Neler yapması gerektiğini tam olarak bilmese de neler yapmaması gerektiğini biliyordu sanki.

....

Bir annenin en büyük isteklerinden biri, çocuğuyla doğru bir iletişim kurabilmektir. Yalan söylemesin, korkmadan anlatabilsin, kendine güvensin, sorunlarını çözmek için aile üyelerinden destek alsın isteriz. Ama bazen destek olmaya çalışırken engeller koyduğumuzun farkına varmayız. "Engel mi? Hayır ben ne yapıyorsam ne diyorsam iyiliğini düşündüğüm için yapıyorum" diyebilirsin. Bu satırları okuduğunuza göre iyiliğini düşündüğünüzden hiç şüphem yok. O halde haydi gelin en sık yaptığımız iletişim engellerine hep beraber bakalım.

✗ Çocuğu sürekli övmek!

"Aa çocuğu sürekli övmek nasıl iletişimi engeller" diye düşündünüz mü bir an? Her şeyi övdüğünüzü düşünelim... "Ne güzel yemek yiyorsun, harika resim yapıyorsun, ne de güzel koşuyorsun, dünyanın en iyi zıplayanı sen olmalısın, ooo müthiş yüzüyorsun" gibi cümlelerle çocuğumuzu sürekli övdüğümüzde gerçekliğimizi yitiriyoruz maalesef. Bu övgülerin dozajı çok önemli. Bazı çocuklar övülmeye bağımlı hale bile gelebilirler. Burada dengeyi kurmak gerek. Elbette ki öveceğiz. Zaten içimizden geliyor övgü dolu sözcükler ama dengeyi bulmak lazım. Yaptığı her hareketi övdüğümüzde çocuğumuzun benlik algısına ciddi bir zarar veriyoruz unutmayalım. Bisiklete ilk binmeye başladığında, ilk defa insan resmi çizdiğinde, gerçekten fark yaratan bir resim yaptığında övülebilir. Diğer durumlarda övgü sözcükleri yerine nezaket sözcükleri kullanılabilir. Örneğin çocuğumuz sofrayı kurmamıza yardım etti. "Dünyanın en iyi çocuğu sensin. Ne de güzel getirdin kaşıkları sofraya. Bugün yediğim yemeğin tadı da başka olacak" gibi abartılı cümlelerdense "sofrayı kurmama yardım ettiğin için çok teşekkür ederim" demek yeterli olacaktır.

✗ Sürekli güven vermek

"Yaparsın biliyorum"

"Sen neler yapmadın ki bunu da yaparsın"

"Ne güzel scooter'a biniyorsun, bisiklet senin için bebek oyuncağı"

Çocuğun anlaşılmaya ihtiyacı vardır. Bisiklete binmeyi yeni öğrendiğini düşünelim. Düşmekten kaygı duyuyor. Siz ona "yaparsın, bu bebek işi senin için" dediğinizde kaygıyı artırmış olursunuz.

Çocukta "Ya yapamazsam. Bebekler bile yapabilirmiş, ya ben yapamazsam" düşüncesi oluşabiliyor. Bunun yerine "bisikletten düşmekten korkmak çok normaldir. Ben de ilk başladığımda çok korkmuştum, bisiklet devrilecek sanmıştım. Yavaş yavaş öğrendim. Sen de yavaş yavaş öğreneceksin. Bu korkun çok normal" dediğinizde çocukta "düşmekten korkuyorum ama bu normal. Düşebilirim ama öğreneceğim" duygusu gelişir.

Bir de kendimizi düşünelim. Diyelim ki iyi bir öğrencisiniz ve genellikle sınavlardan yüksek not alıyorsunuz. Ertesi gün bir sınavınız var. Çok çalıştınız ama kaygılısınız. Bu sefer gerçekten çok zorlanıyorsunuz. Anneniz size "yaparsın, sen neler başarmadın. Zaten her sınavdan önce kaygılanırsın" dediğinde önünüze kocaman bir engel koymuş oluyor. Hatta böyle durumlara çok sinir oluyorsunuz. Çünkü bu sefer farklı olduğunu, kimsenin sizi anlamadığını düşünüyorsunuz. Siz bunu değil, "anlıyorum bu sefer çok zor. Kaygı düzeyin çok yüksek. Elinden geleni yaptığını görüyorum" demesini istiyorsunuz aslında. Yaşımız kaç olursa olsun hepimizin isteği anlaşılmak değil mi zaten?

✗ Sıklıkla emir cümleleri kurmak

"Git elini yıka"

"Kahvaltını bitir"

"Koşma! Dur"

"Oyuncaklarını topla"

Bu liste öyle uzun ki... Aslında oturup gün boyunca çocuklarımıza söylediğimiz emir cümlelerini yazsak sayfalar dolar taşar. Elimizde olmadan çok fazla emir cümlesi kuruyoruz. Ama üzülerek söylüyorum ki bunlar hem çocuğumuzla iletişimimizi hem de onun gelişimini olumsuz etkiliyor. Yap, yapma, topla, kalk, otur, dur gibi kelimeleri bu kadar çok kullanmamıza rağmen işe yaramadığını da gözlemliyoruz. Sonra da çocuğu "söz dinlemiyor" diye etiketliyoruz. Oysaki çocuğu etiketlemeden önce "ben doğru iletişim kurabiliyor muyum acaba" diye bir kendimize dönüp bakmakta fayda var.

Çok fazla emir verilen çocuklarda söylenenin tam tersini yapma, isyankâr davranışlarda bulunma ya da korkunun gelişebildiği görülmektedir. **Çocuklarımız bizim emir erlerimiz değildir.** Onların da bir kişiliği, istekleri, ihtiyaçları olduğunu unutmadan hareket ettiğimizde iletişimimizin önündeki en büyük engeli kaldıracağımızı düşünüyorum.

✗ Sürekli uyarmak, gözdağı vermek

"Yemeğinizi yemezsen büyüyemezsin"

"Odanı toplamazsan dondurma falan yok"

"Elini yıkamazsan hasta olursun, doktora gideriz"

Ah bu cümleler ah. Ne çok kullanıyoruz ne çok duyuyoruz. Oysaki bu cümleler uzun vadede çocuklarımızda öfke yaratıyor farkına varmıyoruz. Ya da bağımsız, özgüveni yüksek çocuklar yetiştirmek isterken hemen korkan, boyun eğen, endişeli bir davranış kalıbına neden olduğumuzu görüyoruz. Tabii burada şunu vurgulamakta fayda var; siz bu cümleleri hiç sarf etmeseniz de çocuğunuz bu tip bir mizaca sahip olabilir.

Peki, ne yapalım? Bu tip cümleler yerine seçenekler sunmak faydalı olabilir. "Yemeğini yemezsen büyüyemezsin" yerine "önce köfteni mi yemek istersin yoğurdunu mu" gibi seçenekler sunmak faydalı olabilir. Tabii bunun için öncelikle çocuğun aç olduğundan emin olmak gerektiğini belirtmek isterim. Daha bir saat önce koca bir tabak meyve yemiş bir çocuğa seçenek sunmak fayda etmeyecektir.

"Elini yıkamazsan doktora götürürüm" yerine, "elini pembe sabunla mı yıkamak istersin beyaz sabunla mı" diye sorulabilir. Buradan çocuğun alacağı mesaj aslında nettir: Bu el yıkanacak ama seçme şansı onda. Böylece kontrolün kendisinde olduğunu hissedecektir.

✗ Eleştirmek, suçlamak

"Zaten hiç söz dinlemiyorsun"

"Yine mi üzerine döktün"

"Zaten bir kere de ben söylemeden şu odanı toplasan şaşarım"

Bu tip cümleleri duyduğumda çok üzülüyorum. Çünkü eleştiri ve suçlama içeren cümleler maalesef çocuğun kendini yetersiz hissetmesine yol açıyor. "Zaten ben hiçbir iş beceremem" duygusu yaratarak benlik algısının gelişimini engelliyor. Bu tip durumlarda çocuk azarlanmak istemediği için bir davranışı gerçekleştiriyor, gereğini anladığı için değil. Hiçbirimiz içe dönük, kendine güvensiz çocuklar yetiştirmek istemiyoruz. O halde suçlayıcı cümleler kurmaktan uzak duralım.

✗ Ad takmak, alay etmek

"Ne kadar sulu gözlüsün"

"Tembel"

"Koca kafa"

"Pis çocuk seni"

Bu tip olumsuz etiketlerle çocuğunuz kendisini değersiz hissediyor. Sevilmediğini, istenilmediğini düşünüyor. Oysaki ne kadar çok seviyoruz çocuklarımızı. Başımıza ne geliyorsa hep sevgimizden geliyor zaten!

Çocuklar etiketlerini benimserler. "Tembel bu" dersen, "zaten tembelim, bana da bu davranış yakışır" şeklinde düşünebilirler. Çocuklarımıza isim takarken kulağımıza küpe etmemiz gereken bir şey var: **Ne dersek öyle olacak!** Bu nedenle kullandığımız sıfatlara, cümlelere aman dikkat!

Çocuğumuzla etkili bir iletişim kurmak istiyorsak, iletişim engellerinden uzak durmaya çalışarak çocuklarımızın isteklerini anlamaya çalışalım. Bir davranışı yerine getirmediklerinde, önce bunun arkasında yatan neden ne olabilir, onu düşünelim. Yemek yemek istemiyorsa belki karnı tok, elini yıkamak istemiyorsa belki sular çok soğuk ya da sabunun kokusunu sevmiyor, odasını toplamıyorsa belki nasıl yapacağını bilmiyor... Çocuklarımızı inatçı, söz dinlemez, kural tanımaz olarak etiketlendirmeden önce kendi iletişim şeklimize dönüp bir bakalım. Ne demiş eskiler? Önce iğneyi kendine batırmak lazım.

İletişimde göz kontağının sihri

Mutlaka göz kontağı kuralım. Ya çocuğumuzu kendi göz hizamıza çıkaralım ya da onun göz seviyesine inelim. Gözlerinin içine bakarak konuştuğumuzda;

— Çocuğumuz değerli olduğunu hisseder.

— Çocuğumuz gerçekten dinlenildiğini hisseder.

— Vermek istediğimiz mesaj daha etkili bir şekilde yerine ulaşır.

— Öğrenme, bilgiyi akılda tutma gibi süreçlerin daha etkili olmasını sağlar.

— Çocuğunuz kendisini daha güvende ve mutlu hisseder.

Şu dünyada evladının umut dolu, neşe dolu gözlerine bakmak gibisi var mı? O halde göz göze, diz dize iletişiminizi hiç koparmayın.

Korkma!
Özgüveni Gelişir

Zara fırsat buldukça aldığı kitaplarını okuyor, hatta sık sık internetten alışveriş yaparak bu kitaplara yenilerini ekliyordu. İnternette annelere yönelik bir sürü forum bulmuştu. Kafasına bir şey takıldığı zaman oralara giriyor, sorusunun cevabını arıyordu. Bu süreçte anne bloglarını da keşfetmişti. O kadar çoktu ki bu bloglardan. Bazılarında gerçekten çok faydalı bilgiler paylaşılmıştı. Bazısınınki ise sadece çocuğuna ve kendisine anı oluşturmak amacıyla açılmış sayfalardı. Ara sıra bu blogları da takip ediyordu.

Okuduğu tüm kaynaklarda, bloglarda, forumlarda, internet sitelerinde, en popüler konu "özgüven gelişimi"ydi. "Şöyle yaparsanız özgüveni gelişir, böyle yaparsanız özgüveni zedelenir" en popüler cümlelerdi. Elbette Zara da özgüveni yüksek bir çocuk yetiştirmek istiyordu. Özellikle kızının kendi ayakları üzerinde durabilen, bağımsız düşünebilen, özgür iradesiyle karar verip uygulayabilen bir yetişkin olması en büyük hayaliydi. Zara kararlıydı, annesi gibi olmayacaktı. Kızının tercihlerine saygı duyacaktı. Seçtiği mesleği destekleyecek, eş seçimini eleştirmeyecekti. "Daha çocuk bu kadar küçükken ahkâm kesmek kolay" diyordu eşi. Okuduğu, araştırdığı, öğrendiği her şeyi uygulayacaktı Zara. Bunu söylediğinde eşi "sen çocuk değil bir projeden bahsediyorsun sanki" diyerek onunla dalga geçmişti. Kalbi bu "proje" kelimesine biraz kırılsa da bunu pek belli etmemişti. Hayır, onun kızı proje değildi. Sadece çocuğunu büyütürken en doğru yolu bulmak istiyordu Zara. Bu düşüncelerle kitabını sehpanın üzerinden aldı. Kaldığı sayfayı açtı, "Özgüveni yüksek çocuk nasıl yetiştirilir" isimli bölümü okumaya devam etti...

....

Herkes özgüveni yüksek çocuklar yetiştirmek istiyor. Peki, bu kadar basit mi özgüven gelişimi? Hemen gelişiveriyor mu acaba? Ya da hemen en ufak bir kızgınlıkta özgüven zedeleniyor mu? Özgüvenli çocuk yetiştirmek için de maalesef şöyle sallayıp "abraaaa kadabraaa" diyebileceğimiz, yıldızlar havada uçuştuktan sonra ise bakışıyla duruşuyla özgüveni yüksek çocuklar oluşturabilecek sihirli bir değnek yok. Olsa bu kitabın hediyesi olarak verirdik, emin olun.

Aslında özgüven oluşumu davranışlarımızın bütünü ve çocuğumuzun mizacının birleşimiyle ortaya çıkıyor. Yani biz ebeveynler özgüven gelişiminde önemli bir role sahibiz ama tek belirleyici değiliz. Çocuğumuzun doğuştan getirdiği bazı kişilik özelliklerinin de özgüven gelişiminde göz ardı edilmemesi gerektiği bir gerçek.

Özgüven gelişimi bebek doğduğu anda başlıyor. Ona sağlanan sakin, güvenli, huzurlu ortamla güven duygusunun ilk temelleri atılıyor. İhtiyaçlarının düzenli ve zamanında karşılanmasıyla bebek kendisini güven içerisinde hissediyor. Annesinin kucağı ise en huzurlu olduğu, güven duygusunu en rahat hissettiği yer oluyor.

Özgüven gelişimini 15 maddede özetleyelim o halde:

1. Koşulsuz sevmek! Yani "bunu yaparsan seni sevmem, annen olmam, bıktım senden" dememek.

2. Kıyaslamamak! "Milletin çocuğu ne güzel oturup yemeğini yiyor, sen? Bak kuzenin nasıl uslu oturuyor, bunaltma beni" dememek.

3. Çocuğun gelişim özelliklerini bilmek! Gelişiminin üstünde bir beklentiye girip çocuğu yetersizlik hissine sürüklememek. Örneğin iki yaşına geldi hâlâ 10'a kadar sayamıyor diye endişelenmemek.

4. Tehdit etmemek! "Madem bu ıspanağı yemiyorsun, o istediğin arabayı sana asla almayacağım" gibi cümleler kurmamak.

5. Tutarlı olmak! "Bugün işim var bir saat tabletle oynasın, yarın on beş dakika" dememek.

6. Sözel ve fiziksel şiddet uygulamamak! Hiçbir koşulda çocuğa vurmamak! "Sen ne biçim çocuksun yeter artık" deyip örselememek.

7. Çocuğumuzu dinlemek! Ama can kulağıyla, gözlerinin içine bakarak! Gözlerimiz televizyondaki dizide, "sen anlat, ben dinliyorum" dememek! Eğer gerçekten dinleyemeyecek durumdaysak "biraz sonra konuşalım tatlım" diyebilmek.

8. Ortaya çıkardığı ürünleri takdir etmek! "Pembe ağaç mı olur hiç" dememek! Bunun yerine "ne kadar değişik bir ağaç çizmişsin, acaba bu ağacın adı ne olabilir" diyerek iletişim kanallarını açık ve aktif tutmak.

9. Küçük sorumluluklar vermek! Sofra hazırlarken kaşıkları onun getirmesi, çamaşır makinesini çalıştırmadan önce deterjanı onun koyup düğmeye basması gibi mini minicik sorumluluklar vererek "ben yapabiliyorum. Başarılı bir bireyim" duygusunun gelişmesine destek vermek.

10. Günlük rutinleri belirlemek! Rutinleri monotonluk olarak algılamamak! "Her gün aynı şeyleri yapıyoruz, bıktım, of puf" dememek! Çocukların bu rutinler sayesinde kendilerini güvende hissettiklerini bilerek günlerini planlamak ve çocuk büyüdükçe yeniden şekillendirmek.

11. Bazen dökülmesine izin vermek! Bir şeyleri döktüğü zaman "ne beceriksiz çocuksun sen, offf" dememek! Çocuklarımızın kendi kendilerine yemek yemeleri için, bardağa su koymaları için, tencereden tabağına yemeğini koyabilmesi için ve daha birçok beceriyi kazanmaları için fırsata ihtiyacı vardır. Güven duygusunun temelinin kendi gereksinimlerini bağımsız olarak karşılayabilmekten geçtiğini kabul etmek.

12. Değişimleri kabul etmek! "Yine huyu değişti bunun" diye şikâyet etmemek!

Gelişimin temelinde değişim olduğunu bilerek bu değişimleri sevmek. **"Değişecek ki gelişsin"** diyebilmek.

13. Başarılı olamasa da çabalarını takdir etmek! "Yine yemeğini üzerine döktün, daha yeni giydirmiştim" dememek. Bunun yerine "kendi kendine yemek yemen çok hoşuma gidiyor" diyebilmek.

14. Çocuklarımızla birlikte keyifli zaman geçirmek! "Of bıktım oyun oynamaktan" dememek. Günde en az kırk beş dakika-bir saatimizi çocuğumuzla oynayarak, sohbet ederek geçirmek.

15. Çocuğun çocuk olduğunu unutmamak! Ondan yetişkin davranışları beklememek! Yani yemeğini döktü, restoranda oturmadı diye yadırgamamak! Çocukluğunu yaşamasına fırsat vermek.

Yukarıdaki maddeleri okuduktan sonra "eyvah! Ben 8 ve 12. maddeleri uygulamıyorum. Şimdi benim çocuğumuzun özgüveni düşük mü olacak" diye endişelenmeyin. Hep yazdığım gibi özgüven öyle pamuk ipliğine bağlı bir kavram değildir. Bu maddelerin hepsinin temelinde çocuğa bir birey olarak saygı duymak, onu dinlemek ve etkili iletişim kurmak yatmaktadır. Bir durumun çocuk üzerinde etki yaratması için sistematik ve düzenli olarak uygulanması gerekir. "Çocuğuma bir kere 'aman sen de' dedim! Özgüvenini harap ettim" gibi bir endişe gerçekçi değildir. Tüm bu yazılanlar ezberlenip madde madde uygulanması gereken kesin kurallar değildir. Zara'nın yaptığı gibi kitapları incelediğinizde, özgüven gelişimiyle ilgili birçok kitap görmeniz mümkündür. Önemli olan buralarda yazanları okuyup mantık çerçevesinde çocukla kurulan iletişimi şekillendirmeye çalışmaktır.

Özgüvenli çocuklar yetiştirmek hepimizin dileği. Fakat çocuklarımıza özgüven kazandıralım derken egosu fazla yüksek, şişirilmiş bir benliğe sahip olmasını da hiçbirimiz istemeyiz. Evet, o bizim biricik yavrumuz. Sizler de annenizin babanızın biriciğisiniz. Bu dünya biricikler topluluğu aslında. İşte bu biricikliğin bilincini çocuğumuza aşılamamız lazım. Yani farklı fiziksel özelliklere sahip ya da bizden farklı düşünceleri olan kişiler etrafımızda her zaman olacaktır. Herkesin farklılıklarına elbette saygı duymamız gereklidir. Bunu en güzel çocuklarımıza model olarak öğretebiliriz. Eğer biz etrafımızdaki insanları rengine, diline, dinine, fiziksel görüntüsündeki farklılığa göre ayırmıyorsak emin olun çocuğumuz da ayırmayacaktır.

Çocuğumuza sevildiğini, önemsendiğini, fikirlerine değer verildiğini hissettirerek, onun daha bir çocuk olduğunu unutmadan, farklılıklara saygı bilinciyle yetiştirdiğimiz zaman hiç korkmayalım, özgüveni gelişecektir!

Sonsöz

Zara'nın hikâyesi burada sona ermiyor elbette. Daha neler neler yaşayacak kim bilir? Annelik sürecinde tıpkı Zara gibi hepimiz dönem dönem çökmüş, yılgın hissediyoruz. Bazen hiçbir şey istediğimiz gibi gitmiyor. Hayat herkese çikolata dağıtırken sana cin biber veriyor sanıyorsun! Herkesin hayat koşullarında üzüntü, yılgınlık nedeni başka... Sen "komşunun çocuğu konuşmaya başladı, seninki hâlâ konuşmuyor" diye dertleniyorsun, bir başkası evine o akşam ekmek götüremediği için üzülüyor. Kimisi evini barkını terk edip başka bir ülkeye sığındığı için mutsuz, kimisi ise neden kocası beş taş değil de tek taş getirdi diye. Kimisi A1 beklerken C2 ile geçtiğine yanıyor...

Her zaman daha iyisi var ama unutulmaması gereken, daha kötüsü de var. Önemli olan iyi tarafından bakabilmek. Çocuk tüm yoğurdu yüzüne boca etti, yerlere döktü saçtı diye sinirini bozmak da senin elinde, "neyse, bu arada iki kaşık yoğurt yedi" diye sevinmek de...

Hepimiz insanız ve hepimiz benzer süreçlerden geçiyoruz. Önemli olan yaşadığımız bu süreçlerin geçici olduğunu bilmek. Hayat deli deli akan bir şelale gibi, akıntının önüne geçmek imkânsız... Her sürüklendiğimiz olayda yeni bir deneyimle karşılaşıyoruz. Bu bizlerin hem çocuk büyütme hem de kişisel gelişim yolculuğumuz. Bu yolculukta emin ol yalnız değilsin. Hepimiz benzer süreçleri farklı zamanlarda deneyimliyoruz.

Biliyorum bazen kendini çok başarısız, yorgun, yılgın hissediyorsun. Kendi anneliğini elinde olmadan başkalarıyla kıyaslıyor ve kendini kötü hissediyorsun...

Elâlemin çocuğu tuvaletini bir yaşında yapıyordu, seninki üç yaşına geldi hâlâ poposu bezli!

Elâlemin çocuğu dokuz aylıkken yürüdü, seninki daha totosunu kaldıramıyor!

Elâlemin çocuğu bir yaşında, beş kelimeli cümle kuruyor, seninki daha agucuk gugucuk!

Elâlemin çocuğu... Elâlemin yaşantısı... Elâlem elâlem...

Oysaki normal gelişim basamakları, çocuğun bir başarısı değil, sadece sürecin getirdikleridir. Sürecin tadını çıkarmak yerine bu kıyas niye? Bırak geç yürüsün, konuşsun, okusun. Önemli olan bu süreçten senin aldığın haz, birlikte biriktirdiğiniz güzel anılar. Senin çocuğun öyle biricik, öyle güzel ki... Varsın geç yürüsün, okusun. O senin bu dünyadaki en kıymetlin. En kıymetlini neden başkalarıyla kıyaslar, onu da kendini de hırpalarsın? Elbette yürüyecek, konuşacak, tuvaletini tuvalete yapacak, okula alışacak, bir sürü akademik beceri kazanacak ve biliyor musun, eğer süreçten keyif alırsa başarılı ve mutlu olacak. Bırak elâlem ne derse desin. Bu çocuk "senin" Biraz rahatla. Gelişim bir süreç herkes aynı yollardan farklı zamanlarda geçecek. Kendini kıyaslamayı da bırak artık.

Çünkü annelik bir "yarış" değil! Kimimiz çocuğumuzla daha çok oyun oynarız, kimimiz daha çok şarkı söyleriz, kimimiz daha çok gezmeye götürürüz, kimimiz sunumu daha süslü yemekler yaparız, kimimiz daha çok kitap okuruz, kimimiz daha çok öper koklar, sevgi sözcükleri söyleriz... Nasıl ki her bebek annesi için biricikse, her anne de bebeği için eşsizdir. Asla kendinizi başka annelerle kıyaslamayın. Falanca çok oyun oynuyorsa sen daha çok şarkı söylüyorsun, falanca süslü yemek yapıyorsa sen daha çok parka götürüyorsun. Bazen hepimiz "acaba bu çocuğa yetemiyor muyum, bir şeyleri eksik/ yanlış mı yapıyorum" hislerine kapılıyoruz... Neden? Çünkü çok seviyoruz, çünkü her şeyin en iyisi, en güzeli çocuklarımızın olsun istiyoruz. Bu satırları okuyan sevgili anne, sakın kendini başkalarıyla kıyaslama, korkma sen bu dünyada bebeğinin sahip olabileceği en eşsiz annesin!

KORKMA! İYİ BİR ANNESİN

Kaynaklar

Ainsworth MDS (1989). Attachment beyond infancy. *Am Psychol*, 44: 709-716.

Ainsworth MDS, Blehar MC, Waters E ve ark. (1978). *Patterns of attachment: Assessed in the Strange Situation and at home*. Hillsdale, NJ: Erlbaum.

Ainsworth MDS, Bell SM (1970). Attachment, exploration, and separation: illlustrated by the behavior of one-year-olds in a strange situation. *Child Dev*, 41: 49-67.

Acer, D.; Artan, İ. (2000). Üç ve dört yaş grubu çocukların annelerine yöneltmiş oldukları cinsellikle ilgili sorular ve annelerin verdikleri cevapların incelenmesi. *Uludağ Üniversitesi, Eğitim Fakültesi Dergisi*, Cilt:XIII, Sayı:1, S:191-204.

Bayhan, P., Artan, İ (2005). Çocuk gelişimi ve eğitimi. İstanbul: Morpa

Bencik Kangal, S., Özkızıklı, S (2014). Teknoloji ve Eğitim. Pınar Bayhan (Ed.), *Her yönüyle okul öncesi eğitim içinde* (s.131-153), Ankara: Hedef Yayıncılık

Bloom KC (1995). The development of attachment behaviors in pregnant adolecents. *Nurs Res*, 44(5) : 284-289.

Boccio M, Laudenslager MN, Retie ML (1994). Intrinsic and extrinsic factors affect infant responses to maternal separation. *Psychiatry*, 57: 43-50.

Bowlby J (1988). *A secure base: Clinical applications of attachment theory*. London, Routledge.

Cüceloğlu, D. (2017). *Geliştiren anne aba*. İstanbul: Remzi Kitapevi

Cyntia A, Stifter CA, Coulchan CM ve ark. (1993). Linking employment to attachment: the nediating effects of maternal separation anxiety and interactive behavior. *Child Dev*, 64: 1451-1460.

Gönen, M, Burçak, F, Uysal, H, Bediz, E. (2013). *0-3 yaş dönemi kitapları.* Mübeccel Gönen (Ed.). Çocuk edebiyatı içinde (s. 77-90). Ankara: Eğiten Kitap

Mayle, P. (1999). *Bana neler oluyor?* İstanbul: Sistem Yayınları

Mayle, P. (1999). *Ben nereden geldim?* İstanbul: Sistem Yayınları

Özmert, E.N. (2006). Erken çocukluk gelişiminin desteklenmesi-III: Aile. Çocuk *Sağlığı ve Hastalıkları Dergisi*, 49:256-273

Ockwell-Smith, S. (2016). *Çocuğum neden uyumuyor?* İstanbul: Doğan Kitap

Schrier AM, Harlow HF (1958). Effect of reserpine on avoidance of humans by Rhesus monkeys. *J Gen Psychol*, 59(2):149- 55.

Sevim, J. (2002). *Anne bu ne?* İstanbul: Remzi Kitabevi.

Soysal, A. Ş., Bodur, Ş., İşeri, E., ve Şenol, S. (2005). Bebeklik dönemindeki bağlanma sürecine genel bir bakış. *Klinik Psikiyatri, 8*, 88-99.

Sümer, N., ve Güngör, D. (1999). Yetişkin bağlanma stilleri ölçeklerinin Türk örneklemi üzerinde psikometrik değerlendirmesi ve kültürlerarası bir karşılaştırma. *Türk Psikoloji Dergisi, 14* (43), 71-106.

Soysal, A. Ş., Öktem, F., Ergenekon, E., ve Erdoğan, E. (2000). Doğum türü değişkeninin bağlanma örüntüsü üzerindeki etkilerinin incelenmesi. *Klinik Psikiyatri, 3* (2), 75-85.

Sürmeli, M. (1971). *Çocuğun cinsel soruları ve cevaplar* Remzi Kitabevi, İstanbul.

Zimmerman F, Christakis D, DiGiuseppe D ve ark. (2004). Early television exposure and subsuquent attentional problems in childiren. *Pediatrics* 113(4):708–713.

Kaskun A, Öztunç S (1999). Çocuk, televizyon ve şiddet. *Ankara Üniversitesi İletişim Fakültesi Dergisi* (http://ilef.ankara. edu.tr/id/yazi.php- Erişim tarihi: 23.01.2006)

Özgün, Ö. (2014). *Çocuk gelişimi kuramları.* Figen Turan, Arzu İpek Yükselen (Ed). Çocuk gelişimi 1: Bebeklik döneminde gelişim içinde (s. 45-79). Ankara: Hedef CS Basın Yayın.

Öztürk, C., ve Karayağız, G. (2007). Çocuk ve televizyon. *Journal of Anatolia Nursing and Health Sciences, 10* (2).

Tuğrul, B. (2014). *Oyunun gücü.* 209-229. Ayşe Belgin Aksoy (Ed.) Okul öncesi eğitimde oyun içinde (s. 45-79). Ankara: Hedef CS Basın Yayın.

Tuzcuoğlu, N.; Tuzcuoğlu, S. (2003). Çocuğun cinsel eğitimi. *Anne ben nasıl doğdum?* Morpa Kültür Yayınları, İstanbul.

Notlar